A HORA DA METAMORFOSE

Um guia para a sua transformação!

Marco Tângari

Grupo VIP – A Hora da Metamorfose

Volume 1
Edição 1
Ano 2021
ISBN nº 978-65-00-27782-1

Autor:
Marco Tângari - @marcotangari

Revisão:
Alba Valéria de Luna Vianna – alba.lvianna@gmail.com

SUMÁRIO

Introdução

Resolvi escrever este livro porque faz parte do meu propósito que é ser o mensageiro de boas notícias e ajudar diretamente 1 milhão de pessoas a prosperarem na sua carreira, no seu negócio, na sua vida pessoal.

Talvez você, assim como eu, passou boa parte da vida com a expectativa de que tudo se resume em estudar, fazer uma boa faculdade, arrumar um bom emprego, se divertir aos finais de semana (quando puder, e se puder), ter um bom salário e no final da vida conseguir uma boa aposentadoria para curtir os netos. Mas será que podemos resumir que o nosso propósito de estar aqui é este?

Sempre duvidei desta crença apesar de viver num meio que sempre acreditou neste modelo. E por que a maioria das pessoas acreditam neste modelo assim como eu acreditei um dia?

Tudo começa na escola e quando olho para o modelo de ensino atual vejo a repetição por várias gerações. Meu filho estuda as mesmas matérias que estudei, tem o mesmo formato de aulas que tive e é avaliado sempre através de provas, ou seja, precisa ter a média em todas as matérias para passar de ano, assim como eu tive e meus pais tiveram.

Mas se o mundo, nos últimos 10 anos, mudou muito a forma que vivemos, trabalhamos e fazemos negócio, por que as escolas continuam da mesma forma? Qual é a chance dos nossos filhos saírem da escola conectados com o mundo real?

Eu nunca fui um aluno de boas notas e desde a minha adolescência contestei o método de ensino das escolas que frequentei e hoje acho muito pior porque está mais defasado e desconectado da realidade.

Na prática, o nosso modelo educacional diz que temos que ser bom em tudo, ou seja, você tem que ser bom em matemática, português, física, química, geografia, história, artes e na verdade isso não existe.

Então por que massacramos os jovens com média 7 em tudo? Infelizmente este formato causa sérios bloqueios e que tem reflexos para o resto da vida.

Somos pessoas únicas, criadas por Deus e com livre arbítrio. Talvez você que está lendo este livro seja uma pessoa com muita facilidade em memorizar mapas, acontecimentos históricos e ter média 7 em matemática, física, química é tormento. Ou talvez seja o contrário.

Não sei você, mas eu tive muitas dificuldades na escola justamente porque tinha que ter média 7 em tudo.

Estudar, ser um aluno média 7, passar no vestibular para administração, economia ou engenharia, arrumar um bom emprego para o resto da vida e depois se aposentar e curtir a vida, é o modelo que a nossa sociedade acredita e impõe até os dias atuais.

Mas será que arrumar um bom emprego é o que você realmente sonha? E o que você é hoje está conectado com o seu propósito? Será que este modelo imposto pela sociedade por décadas o torna uma pessoa mais feliz e realizada?

E se você descobrir que não era este o seu sonho? Como fazer para mudar esta situação? Como ressignificar algo que você acreditou, seguiu muitos e muitos anos da sua vida?

Só existe uma forma, reconstruindo a crença de como é a vida.

Crenças são criadas na nossa mente pelo ambiente que frequentamos, pela fé que acreditamos, pelas experiências que vivemos e pelas pessoas com quem mais convivemos ao longo das nossas vidas desde a gestação até o fim.

Não existe o vendedor nato ou o comunicador nato, o que existe é que por circunstâncias do ambiente, pelas experiências de vida e pessoas com quem mais convivemos nos tornamos o que somos. E pode ser que hoje você é o que dá para ser e não o que você sonha ser.

Então, como acreditar que posso mudar e ser o que sempre sonhei? Como acreditar em exercer plenamente o meu propósito? Quando você entender que dentro de cada ser humano existem todas as sementes necessárias para ele ser o que nasceu para ser e não o que está dando para ser, então tudo muda.

Quanto mais cedo você compreender o seu potencial mais rápido você vai alcançar o seu objetivo, mas para que isso ocorra você precisa quebrar algumas bloqueios que existem no seu cérebro e não é algo que acontece da noite para o dia.

É uma jornada longa, às vezes bem dolorida, mas no final vale a pena. Não existe idade para começar, o que existe é vontade de mudar e eu sou um exemplo vivo.

Levei anos para entender e mudar porque estes ensinamentos eram para poucos, mas hoje com a internet tudo está mais fácil. Isso não significa que você vai mudar a sua vida num passe de mágica. Você precisa do ingrediente principal que é a vontade de mudar.

A minha jornada, metamorfose, foi repleta de erros e acertos, mais erros que acertos, mas ao final olho para trás e vejo o quanto prosperei e percebo que posso ajudar você a se transformar e acreditar no seu potencial.

Este é o porquê deste livro. Escrevi para compartilhar a minha experiência e visão sobre as 3 forças que regem a sua vida, a minha vida a nossa vida e que chamo de "O Tripé do Sucesso".

Tenho certeza que se você fizer tudo o que estou compartilhando aqui a sua transformação vai acontecer e será mais acelerada e menos dolorida que a minha. É a sua hora da metamorfose! Seja tudo o que você pode ser e jamais se contente com o que está dando para ser.

Prefácio

Sempre ouvi falar que pessoas prósperas acordam muito cedo, mas nunca consegui entender realmente o que está por detrás dessa informação. Confesso que assisti a vários vídeos sobre o assunto e as justificativas não me passaram credibilidade. Para mim, eram vídeos sem conteúdo relevante e com apelo sensacionalista com o único objetivo de ganhar visualização (audiência).

Até que um dia assisti a um vídeo que me chamou a atenção sobre como utilizar a internet de forma profissional. Gostei porque eu tinha apenas que acordar muito cedo e assistir às aulas ao vivo porque não ficariam gravadas.

Deus sempre fala sim para o que acreditamos e desejamos no fundo da nossa alma e nesta época eu precisava de uma direção para compartilhar tudo o que aprendi na minha trajetória desde que saí do Rio de Janeiro, só não sabia direito como fazer, mas sabia o que fazer. Aqui vai uma sacada valiosa: nunca se preocupe com o "como" só foque no "o que".

Para você ter uma ideia do quanto foi difícil para mim acordar cedo e conquistar este hábito, desde criança sempre me adaptei melhor em estudar no período da tarde do que de manhã. Sempre gostei muito da madrugada porque temos um silencio muito produtivo, tanto é que construí uma carreira sólida em Tecnologia da Informação (TI) como analista de suporte e depois como gestor de TI e consequentemente um razoável conforto. Trabalhei muito no horário das 13h até a madrugada.

Muito problemas em TI só podem ser resolvidos após às 23h porque gera indisponibilidade no sistema. Advinha quem estava sempre preparado e disponível para atuar na madrugada? Esta é a segunda grande sacada que quero que você registre no seu cérebro.

A oportunidade é para todos, porém só quem estiver preparado ganha a chance!

Nunca tive medo de mudanças, porque sempre acreditei que ficar parado como estátua você fica para trás, portanto, mudanças sempre foi algo muito conectado na minha vida. Esta é a terceira sacada que você precisa anotar: ame mudanças! Como diz Richard Branson, "*quando uma boa oportunidade aparecer, mesmo que você não se sinta preparado aceite e depois descubra como resolver*".

E o que vemos na atualidade? Pessoas talentosas desperdiçando oportunidades por medo ou por não confiarem na sua capacidade e aceitam o que dá para ser. Você só precisa abraçar a oportunidade e vai acontecer algo mágico, você prospera.

Mas o que isso tem a ver com este livro? Muita coisa! Veja, a tecnologia está mudando paradigmas seculares, o que era uma verdade do passado não é mais a verdade de hoje e se você não entender as mudanças e as oportunidades que estão aparecendo com os novos modelos de negócios, os novos empregos, a nova forma de liderar as pessoas, você vai virar estátua! Isso é a (R)evolução Digital!

Vou te dar um exemplo simples com uma frase que você já deve ter escutado muito: "foguete não dá ré". E o que o Elon Musk fez com a sua empresa SpaceX? Foguete pousando! Percebe como a tecnologia está mudando paradigmas?

A verdade é que a tecnologia está tão entrelaçada em nossas vidas que achamos que ela por si só vai resolver os nossos problemas, mas não é bem assim.

Tecnologia é apenas uma ferramenta poderosa, mas sem a mentalidade correta você é apenas um passageiro das grandes mudanças. Eu prefiro ser o ator em vez de ser a plateia, e você?

Está disposto a prosperar? Vamos sair do casulo e transformar? Neste livro vou falar sobre como mudar a sua mentalidade e não apenas ler mais um livro. Ao final de cada capítulo tem tarefas que você precisa praticar para registrar o que aprendeu. Esta é a única fórmula de sucesso que conheço, o restante são ajustes do processo.

Gratidão por me deixar te ajudar!

M.A.P.A.

Toda realização é a materialização de um sonho. É um caminho com desafios, frustrações e alegrias. Você vai precisar de muitas habilidades para transpor todos os obstáculos que vão aparecer. Resiliência e compromisso são algumas das habilidades que você precisa ter para alcançar a linha de chegada.

A verdade é que poucos, muito poucos, assumiram um compromisso sério com o negócio ou a carreira que deseja iniciar. A maioria começa a jornada perseguindo bens materiais e se decepciona por inúmeros motivos, mas o problema primordial está no propósito, e sem um propósito conectado com o Alto você não vai longe.

Quando o seu foco está somente no dinheiro e não no seu propósito você anda em círculos!

Sem um compromisso firmado com você mesmo e conectado com um propósito verdadeiro, afirmo que você vai desistir na primeira adversidade. E vão ser muitas, tenha certeza disso.

Entenda o jogo para continuar nele, tenha paciência, nada acontece da noite para o dia, monte a sua estratégia e tática, por fim tenha sempre hiper foco no seu objetivo.

Talvez um dos seus primeiros desafios sejam as pessoas que estão no seu convívio regular. Quando começamos um negócio ou um novo emprego temos sonhos de crescimento, de ficar rico ou de conquistar uma posição de destaque, certo?

O fato é que pessoas são pessoas e aprendi de tanto apanhar, que a maioria delas querem te ver bem, mas não melhor do que elas. Quando eu aprendi esta lição tudo mudou. Entendi todas as puxadas de tapete que aconteceram comigo!

Você já teve uma puxada de tapete? Arrisco a responder que sim. Conta lá no grupo VIP, para participar é só apontar o seu celular no QRCODE que está na 1ª página.

Entenda que sempre vão existir pessoas que desejam te derrubar, agora como você absorve esta pancada e canaliza é que vai fazer a diferença entre seguir e alcançar o topo ou desistir do seu sonho, desistir do seu negócio, desistir da sua carreira. Se você observar pessoas de sucesso vai perceber que todas vivenciaram mais fracassos que vitórias e cada tombo foi uma lição aprendida. Até que o sucesso chegou.

Quantas vezes você caiu no chão quando era bebê tentando andar? Você desistiu ou continuou? Você seguiu em frente porque o seu cérebro ainda não tinha bloqueios, você caía, sacudia a poeira e tentava novamente até que começou a andar. E é assim que funciona quando você quer crescer. Então por que você desiste tão facilmente depois de adulto?

Quer uma dica sobre fracassos e sucessos? Leia biografia de pessoas prósperas, tenho certeza de que vai te destravar e abrir a sua mente. Você também vai descobrir que tudo tem um preço a ser pago. A pergunta é: o quanto você está disposto a pagar? Quando eu saí do Rio de Janeiro, em 2000, sabia que teria um preço a pagar e estava disposto a pagar porque o que a vida nos oferece em troca vale a pena!

O que estou alertando aqui é que todos, sem exceção, começam um projeto cheios de vontade, porém sem a mentalidade recalibrada. O que vai acontecer é que no primeiro obstáculo você vai "escutar" uma voz interior dizendo que é gastar energia à toa, que é perda de tempo, que é melhor ficar na zona da acomodação, que é inútil, etc. e você abandona o projeto.

Vontade apenas, não é garantia de alcançar o objetivo!

Se apenas vontade fosse o suficiente, então, deveria ter muita gente que é "pilhada" fazendo sucesso, não acha? A verdade é que não é bem assim. Veja, força de vontade é a mesma coisa que energia e como toda a energia tem duração limitada.

O que você faz quando a bateria do seu celular acaba? Precisa recarregar. E o que você vai fazer naqueles dias que não tem disposição/vontade? Pois é, não basta ter apenas vontade.

A pergunta é: o que é necessário fazer para aumentar as chances de sucesso? Você vai precisar, em primeiro lugar, montar uma estratégia, planejar os seus passos para atingir o objetivo.

Você acha que eu acordo todos os dias pela manhã superanimado? Não! Mas aprendi que sem estratégia e hábitos corretos não se chega a lugar algum. Foi assim que criei uma estratégia que chamo de o **M.A.P.A.** do tesouro.

Você precisa seguir um **M**étodo para alcançar resultados que precisa, depois é **A**ção para sair da inércia e como tudo na vida sem **P**ersistência, compromisso, você não chega a lugar algum e por fim seja autêntico, tenha **A**utoralidade porque somente assim você vai deixar a sua marca, o seu legado.

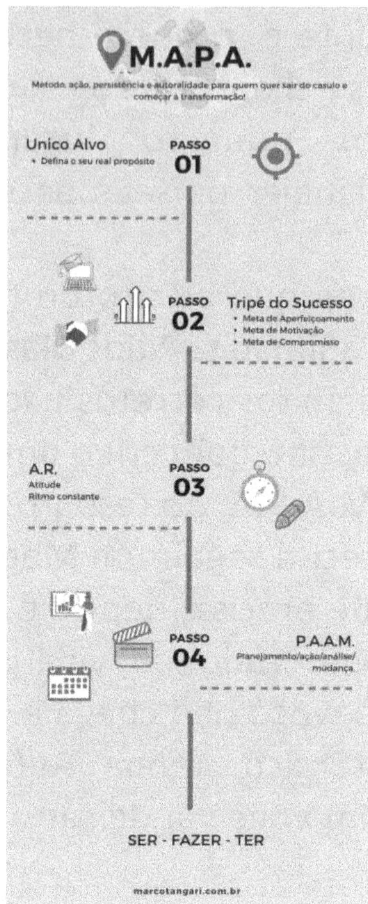

No **M.A.P.A.** o 1º passo é definir o seu único alvo o seu sonho o que você realmente deseja, isso leva um tempo porque você precisa refletir o que realmente deseja ser e uma vez que você tem o seu único alvo é necessário agir.

O 2º passo é ter indicadores para você medir se as ações que você está colocando executando estão surtindo o efeito desejado. Por isso falo que você precisa ter 3 metas diárias para continuar em frente.

No 3º passo do **M.A.P.A.** você precisa ter **a**titude de fazer e com **r**itmo constante (**A.R.**) a estratégia planejada para alcançar o seu objetivo. Mas não pode ser aquela pessoa que faz um pouco hoje depois mais um pouco semana que vem. Isso não funciona.

No último passo fazer o **P.A.A.M.** que é olhar os seus números, ajustar o que precisar para corrigir a sua rota e chegar mais rápido no seu objetivo.

Este é o seu **M.A.P.A.** do tesouro e juntos vamos construir a trilha para você chegar até o topo.

Tarefa:

1 – Nas próximas 2 horas escreva aqui todos os seus sonhos, seus objetivos.

____
____
____
____
____
____
____

2 – Agora ordene por prioridade (maior para menor) o que você escreveu acima.

____
____
____
____
____
____
____

P.A.A.M.

A vida é feita de altos e baixos, muitas coisas que planejamos, sonhamos, não vão dar certo. A vida é assim mesmo, aliás no meu canal no Youtube eu comprovo o benefício desta gangorra, isso mesmo, se a vida fosse "flat" você teria muito mais dificuldades para chegar ao seu objetivo. Portanto, agradeça os altos e baixos que a vida te proporciona. Infelizmente não somos educados para entender este processo e no primeiro obstáculo desistimos de tudo.

É por isso que a grande maioria das pessoas desiste porque não entende o jogo e por não entender acredita que não tem capacidade, que não é merecedora, e por aí vai. Isso se chama crença limitante. Lembra do exemplo que dei de quando você era um bebê e começou a dar os seus primeiros passos? Você não desistiu, certo? E qual é o motivo desta mentalidade estar distorcida? O que te fez acreditar que não pode?

Temos estes limites porque a nossa visualização de futuro está ancorada em experiências de outras pessoas frustradas com a vida, de pessoas que nos aconselham algo que nunca realizaram e você simplesmente acredita como verdade absoluta.

Por exemplo, você acredita que viajar de navio é uma péssima experiência porque ouviu falar e não porque vivenciou esta experiência. Pior, você acredita que viajar de navio é ruim porque uma pessoa da sua confiança disse isso sem nunca ter viajado de navio.

E como sair desta cilada? Perguntas certas, ou seja, questione tudo tenha absoluta certeza da informação. Esta é a chave do sucesso. Vamos falar mais detalhes sobre este e outros assuntos aqui neste livro.

Como disse anteriormente, leia biografias de pessoas de sucesso e você vai ver o que todas elas têm em comum são uma sucessão de fracassos e a cada fracasso elas entendem os números para saber o que ajustar e continuam até dar certo. Aí está um método comprovado de sucesso.

Você precisa planejar o que deseja fazer, depois colocar em ação o que planejou, analisar o resultado e corrigir o que precisa mudar para alcançar o objetivo.

Dentro do **M.A.P.A.** eu criei o 4º passo para te ajudar a alcançar qualquer objetivo. Chamei de **P.A.A.M.** e serve para você aplicar na sua vida profissional e pessoal. Lembre-se que é processo de ciclo infinito. Na figura a seguir eu mostro como funciona o método **P.A.A.M.** - **P**lanejar a sua estratégia, colocar em **A**ção o seu planejamento, **A**nalisar o resultado e **M**odificar o que precisa para corrigir a rota.

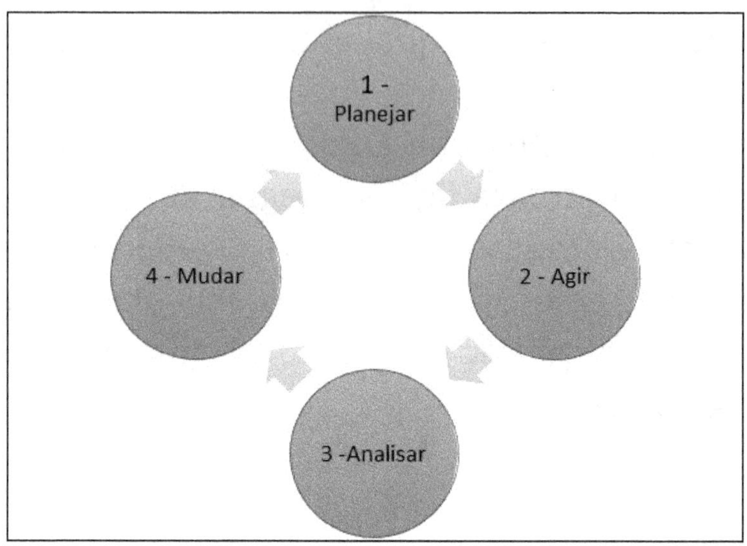

Método P.A.A.M.

Como funciona o método **P.A.A.M.** na prática?

1. Planeje o que você precisa fazer para chegar mais perto do seu objetivo;
2. Parta para ação, execute o que planejou;
3. Analise o resultado (o tempo de espera para analisar depende do tipo da ação);
4. Mude o que for preciso para melhorar o resultado;
5. Volte ao passo 1.

Simples não? Vamos ao exemplo: imagina que você quer anunciar o seu produto ou serviço no Facebook ou Google ADS.

Passo 1, planejar, ou seja, defina a estratégia: tempo de duração do anúncio, foto/criativo, orçamento diário, local geográfico, idade do público-alvo e todos os outros atributos que a ferramenta te fornece para o tráfego.

O próximo passo é colocar em ação. Publique o seu anúncio como planejado.

Depois é analisar os números (qual foi o alcance, quantas pessoas clicaram, quantas compraram, quantas visualizaram, etc.), que é o passo 3 no P.A.A.M.

Com os números em mãos e analisados você pode ajustar o anúncio para obter mais resultado, que é o passo 4. Por exemplo, você vai ver quais regiões não tiveram engajamento, se atingiu mais o público feminino ou masculino, a faixa etária e qual criativo funcionou melhor.

Lembra que o processo é um ciclo infinito? Repita tudo novamente. Percebeu que o método P.A.A.M. é simples e fantástico? Não esqueça que ele está dentro do M.A.P.A. do tesouro.

Sei o quanto é desafiador, mas acredite no processo. As vezes você se desmotiva porque não teve o resultado esperado, mas coloque na sua mente que está fazendo testes, esta sacada é a diferença entre o sucesso e o fracasso.

A tecnologia mudou o paradigma do anúncio. O que antes era um fato hoje é apenas um teste, ou seja, teste até dar certo.

Quando você entender, assim como eu entendi, que o segredo é testar até funcionar, vai ver que a sua mentalidade muda. É claro que o próximo anúncio vai ser mais objetivo porque você já sabe o que não funciona, isso se chama aprendizado por experiência e só ganha quem faz e erra.

A grande vantagem de fazer um negócio no digital é que você pode testar o seu anúncio até dar certo sem grandes impactos no seu orçamento porque o custo é muito barato. Bem diferente do negócio tradicional onde você assume um orçamento gigantesco para montar o seu anúncio. Este formato tradicional é engessado, não te dá uma segunda chance, ou seja, é tudo ou nada e a chance de quebrar é exponencialmente maior! No digital o custo é menor, porém depende mais da sua força mental do que conhecimento.

Quando o teste dá certo a estratégia é escalar, ou seja, a sacada é aumentar o orçamento e colher os frutos. Isso é muito fácil de fazer, mas não se esqueça de que você sempre precisa acompanhar os números e repetir o processo.

Agora vamos imaginar que você tem um projeto e para que ele se concretize você precisa de ação e muitas vezes o resultado é demorado, precisa de muita preparação.

Aqui entra outro conceito muito importante. Uma maratona é vencida pelo atleta que manteve uma velocidade constante durante toda a prova e no final ainda tinha folego para o "sprint" dos últimos metros.

Este conceito que peguei observando a maratona eu chamo de **A.R.** (atitude e ritmo constante). Para chegar até o **M.A.P.A.** do seu tesouro você precisa ter atitude, metodologia e ritmo constante. Muitas vezes ainda vai precisar acelerar quando se aproximar da linha de chegada. Você precisa se preparar e ter folego no sprint final.

Tarefa:

1 – Defina a sua estratégia para chegar no objetivo da tarefa do capítulo 1.

____
____
____
____
____
____
____

2 – Determine o tempo que você vai acompanhar o resultado da sua estratégia. Exemplo: Você escolheu vender R$ 20.000,00 em 30 dias anote os números das vendas diárias, horário, perfil de quem comprou, qual produto etc.

____
____
____
____
____
____

3 – Agora pense o que você pode ajustar para triplicar a sua meta! Use o método **P.A.A.M.** e com **A.R.**

____

____

____

____

____

Metas

A maioria das pessoas precisa de incentivo e micro resultados rápidos para continuar em frente, por isso já coloque em prática o método **P.A.A.M.** e não esqueça do **A.R.** Lembre-se que antes precisa de metas e definir o seu alvo como expliquei no capítulo 1 "**M.A.P.A.**", combinado?

Agora é a hora de ligar o seu GPS em direção ao objetivo maior. Como falei anteriormente, você não pode ir somente com a força de vontade, você precisa ter metas e acompanhar os números para não se perder ao longo do caminho.

O mundo é cheio de distrações e armadilhas e saber se está na direção correta faz toda a diferença. Deseja ser uma pessoa de sucesso? Então junte força de vontade com um processo e metas, é por isso que criei o **M.A.P.A.**

Você precisa ter certeza se está indo na direção certa, ou seja, você precisa ir do ponto A para o ponto B o mais rápido possível, com consistência e na direção certa. A pergunta é: então como saber se a direção está correta?

Na figura 1 você vai perceber que sem indicadores você pode achar que está no caminho certo, mas pode estar no caminho contrário e você só vai descobrir quando está tudo desabando. É por isso que ter metas é tão importante.

Já na figura 2 fica bem claro que você tem o controle, portanto, quando ocorrem desvios, e vão acontecer, você rapidamente ajusta o leme. Você está seguindo um processo claro e objetivo.

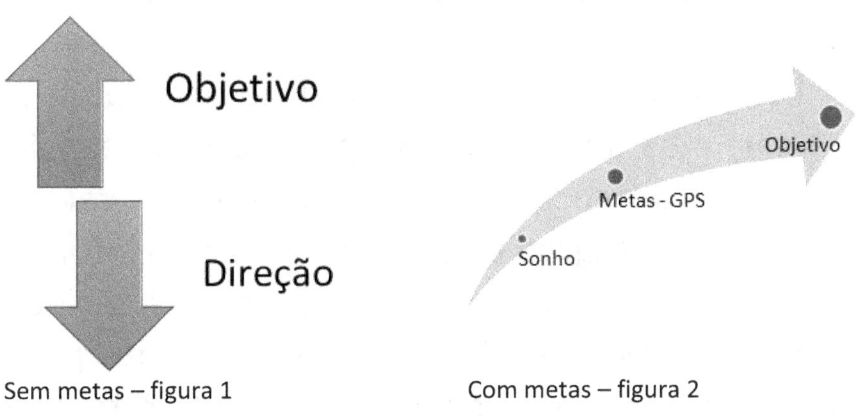

Sem metas – figura 1

Com metas – figura 2

Para quem não sabe o que quer e aonde quer chegar, qualquer lugar serve.

O grande segredo das pessoas de sucesso é que elas seguem o seu instinto com estratégia e metas!

Adoro exemplos porque esclarece, então, vamos a um exemplo simples: Vamos imaginar que você tem um objetivo de correr antes de ir trabalhar e deseja acordar às 6 horas da manhã para correr. O que acontece? É difícil cumprir, certo? Na primeira semana você até consegue, mas depois vira uma luta entre você e o despertador. Se tiver frio ou chovendo, esquece você não se levanta. E por que isso não ocorre com frequência quando você precisa levantar cedo para ir trabalhar?

Porque você criou o hábito de acordar e ir trabalhar, mas acordar às 6h para fazer exercício não é um hábito, então o seu cérebro vai te sabotar. A mensagem que o cérebro envia é forte: "vai dormir, relaxa, descansa". Isso acontece porque o nosso cérebro foi programado para economizar energia e por isso nos sabota o tempo todo. Está no DNA humano que herdamos do tempo das cavernas onde o alimento era escasso e economizar energia era a diferença entre morrer e sobreviver.

No seu 1º dia de trabalho ou no seu 1º de aula foi fácil ou difícil acordar cedo? E depois foi ficando mais fácil ou mais difícil?

Por isso falo que apenas ter vontade não significa sucesso. O nosso cérebro está sempre buscando uma forma de economizar energia e muitas pessoas acreditam na mensagem do cérebro que diz para você dormir, relaxar e descansar sempre que deseja começar algo novo, como por exemplo acordar cedo para fazer exercício. Se você deixar o cérebro mandar em você, o resultado é que você vai desistir dos seus sonhos e um dia vai se lamentar, talvez para o resto da vida.

Na verdade, você precisa ter o controle sobre os seus pensamentos. Você precisa reprogramar alguns códigos do seu cérebro. Entenda que será assim sempre que começar alguma atividade, um desejo, um sonho um desafio. Crie hábitos diferentes para alcançar resultados diferentes, esta é a grande sacada.

No exemplo que citei você precisa acordar às 6h da manhã, mesmo contra a sua vontade, faça frio ou calor você precisa sair da cama. É difícil, mas possível. Ter uma meta e anotar diariamente o quanto está perto de atingi-la te motiva a levantar.

Por exemplo, coloque como meta correr 3km, depois correr 3km em 40 minutos e vai ajustando. Anote todos os dias o seu resultado e comemore muito cada meta alcançada. O que quero dizer é que ter micro resultados faz muita diferença porque se torna algo concreto, mensurável.

O nosso cérebro foi programado com crenças equivocadas que registramos desde quando nascemos, e estas crenças é que nos limitam. Achamos que somos lagartas para sempre e aceitamos que nunca seremos borboletas para voar alto.

Você acredita que estudar, tirar boas notas, fazer uma boa faculdade, ter uma bela profissão, casar-se, ter filhos e se aposentar, é a felicidade, o sucesso na vida.

Por que você acredita nisso? Porque isso foi dito para você desde criança, na sua casa pelos seus pais e/ou responsáveis e depois na escola o processo se repetiu.

Você conviveu por anos com uma mesma autoridade dentro da sala de aula, aprendeu a ficar em fila, usou uniforme e pedia permissão para tudo. Era disciplina na entrada, no recreio com o aviso sonoro e na saída. Todos os dias, o ano inteiro era a mesma repetição das matérias e a mesma rotina.

Agora pensa comigo, como é o seu trabalho tradicional? Igual a escola, certo? Hora de entrada e saída, hora do almoço e/ou lanche, todos os colegas da empresa sentados em fila nas mesas, o chefe é autoridade única, tudo repetitivo e serial, em alguns casos tem até uniforme. Não é assim?

Este modelo de gestão criado no início do século XX é executado até hoje e foi criado para atender as necessidades das fábricas. Não estou dizendo o que é certo ou errado, estou apenas fazendo um exercício que muda completamente a forma que olhamos as oportunidades. Perguntas, faça sempre perguntas para tudo.

Então vamos lá, pergunto: você trabalha em fábrica? Quantas pessoas que são do seu ciclo de amizade trabalham dentro de uma fábrica? Então por que todos precisam cumprir horários definidos e criados para a indústria? Simples, porque foi uma necessidade do passado e as escolas foram moldadas para suprir a necessidade de mão de obra das fábricas. E o que está acontecendo com o uso cada vez maior da tecnologia?

A (r)evolução digital está quebrando este paradigma! A forma que conhecemos, vivemos, trabalhamos e fazemos negócio por gerações, está mudando radicalmente. A força da internet está causando um *tsunami* nesta estrutura, tradicional e rígida que até tenta reagir, mas está sendo engolida.

Agora eu tenho outra pergunta para você: depois de tudo o que falei aqui você vai continuar fingindo que nada está acontecendo? Saia do seu casulo! Chegou a hora de deixar de ser lagarta e voar alto! É a sua hora da metamorfose! É por isso que você comprou este livro! É a sua hora de se transformar, de mudar!

Este livro é um convite para você acordar e refletir o que está acontecendo, comece a perguntar para si qual é o seu verdadeiro propósito. Por que você está aqui neste planeta maravilhoso? Qual é o legado que você quer deixar?

Você precisa saber o que realmente quer e o que precisa fazer para alcançar o seu objetivo. Pense, reflita e escolha o que mais toca no seu coração, aquilo que arde no seu peito.

Depois comece a montar o seu **M.A.P.A.** para que o seu sonho saia do abstrato e se transforme em algo concreto. De nada adianta aprender com este livro e tantos outros livros e treinamentos e não fazer nada. Preste atenção, se você não colocar em prática o que aprender isso vira "obesidade intelectual".

A mudança que você sonha pode estar na decisão que você não toma!

Se eu como profissional da área de TI que passou décadas lidando apenas com servidores, datacenter, cercado de nerds e com um único objetivo que era deixar tudo funcionando consegui mudar e estou aqui escrevendo este livro, empreendendo, fazendo palestras, mentorias e "lives", então, tenho certeza que você vai muito mais longe que eu!

Mas só ter vontade e fazer "uhull" nos eventos motivacionais não será suficiente para você alcançar o seu objetivo, seja ele qual for.

Você precisa colocar em prática tudo o que aprende, esta é a única forma que conheço para você melhorar suas habilidades. Isso mesmo, somente na ação é que habilidades são aprimoradas e forjadas!

Talvez assim como eu você não gosta de vender, certo? Mas se não gosta de vender e sonha em ter liberdade financeira, como vai ser? A questão aqui é que existe um abismo entre o que você deseja e a habilidade que precisa desenvolver para chegar lá. E para chegar no topo da montanha você vai ter que aprimorar habilidades que estão adormecidas.

Se você não vende o seu trabalho como vai se tornar um profissional de valor?

A chave aqui é fazer algo diferente para ter resultado diferente e para que isso aconteça você precisa se aperfeiçoar, precisa buscar habilidades necessárias para alcançar o objetivo.

O fato é que a maioria não quer pagar esta conta. Não tem nada de errado em vender, lucrar, negociar, mas sempre com princípios e valores. Talvez você não goste de vender porque é uma crença absorvida desde criança, talvez você tenha ouvido de seus pais que pessoas ricas são pessoas gananciosas, são pessoas que roubam dos outros e ao ouvir isso repetidamente o seu cérebro associou que pessoas ricas, prósperas são pessoas ruins e consequentemente você associou que vender, lucrar é ruim.

Mas se você tem aversão a vender como vai alcançar a liberdade financeira? E não estou falando apenas em negócio, estou falando também da sua carreira que pode estar em risco com este pensamento.

Como você vai ser um diretor da sua empresa se não gosta de vender? Entenda que diretor é ser o dono do negócio, direta ou indiretamente.

Não gostar de vender significa que você vai trabalhar para realizar os sonhos de alguém a vida inteira, ou seja, quantas pessoas você conhece que como empregado mediano conquistaram a liberdade financeira? Percebeu que não bate? Outro ponto você quando monta o seu currículo você está vendendo, pense nisso.

Então é importante analisar bem o seu objetivo, o seu grande sonho, para saber exatamente quais habilidades são necessárias e desenvolvê-las. Uma habilidade que é fundamental, não importa o que você deseja, é a habilidade de vender.

Falo disso com propriedade porque eu tinha aversão a vendas, pelo simples fato que eu era uma pessoa totalmente ignorante sobre este assunto. Ainda estou engatinhando na arte de vendas, mas estou me aperfeiçoando dia a dia.

Neste ponto quero que você reflita e pense em 3 metas que vão te levar para o seu objetivo maior, o seu grande sonho. Por exemplo, quer liberdade financeira? Coloque meta de vendas diária, mensal, meta para aumentar a margem de lucro, metas para investir parte do que você ganha, meta para aperfeiçoar uma habilidade fundamental para atingir o seu objetivo com mais rapidez.

Quer se tornar um diretor da empresa onde trabalha? Modele outros diretores, se relacione com eles, pense como eles, aja como eles.

O que estou te dizendo é que não importa qual é o seu objetivo, o processo será o mesmo.

Tarefa:

1 – Escreva aqui todos os seus sonhos da tarefa do capítulo 1. Se tiver mais de 1 pode colocar, mas não gaste mais do que 2 horas.

____

____

____

____

____

____

2 – Escolha no máximo 3 ideias de todas as que você colocou no papel:

____

____

____

3 – Agora pense, reflita nestas 3 e escolha apenas uma. Esta tarefa e a anterior você tem que finalizar em 24h.

____

____

4 – Defina 3 metas conectadas com o seu objetivo, propósito, sonho que você definiu na tarefa anterior:

Meta 1:

____

____

Meta 2:

____

____

Meta 3:

____

____

O que você quer SER?

Se você não escreveu as suas 3 metas conectadas com o seu propósito no capítulo anterior sugiro não continuar a leitura, volte e defina as suas metas.

Entenda que metas conectadas com o seu propósito será o seu GPS da vida para que você continue no caminho certo. Se com este GPS precisamos ajustar a rota por conta das distrações, imagine sem ele? Vamos explorar mais um pouco o assunto?

Quando nascemos a 1ª meta é andar, depois falar e institivamente vamos adquirindo habilidades que estão dentro de todos nós, adormecidas como sementes. Algumas sementes vão brotar, outras vão crescer e outras continuarão adormecidas. Chegamos na fase da escola e mais uma vez temos metas, são as notas das provas. Na medida que você cresce mais um pouco vai para faculdade e tem uma grande meta que é se formar. Depois outra meta que é trabalhar e ganhar dinheiro para realizar seus desejos pessoais.

A questão é que na nossa sociedade dinheiro tem um conceito equivocado. Assim como eu, talvez você tenha escutado muitas vezes que o dinheiro é sujo, não traz felicidade ou simplesmente seus pais nunca falaram nada sobre isso e tampouco passaram conceitos de valor com a semanada, por exemplo.

Pode ser que hoje você tenha bloqueios com dinheiro e vendas, mas o fato é que a fase adulta chega e você precisa se sustentar, ou seja, trabalhar, não tem opção. Quer você goste ou não, ter dinheiro faz parte das nossas vidas, afinal vivemos num mundo material e precisamos pagar as contas, comer, nos locomover, divertir, ou seja, vivemos.

Já ouvi pessoas dizendo que a bíblia é contra o dinheiro, que dinheiro é coisa do diabo, que dinheiro não traz felicidade, deixa eu te perguntar uma coisa: você algum dia viu alguém pagar a conta de luz com oração? Já viu alguém passando fome, frio e dormindo na rua feliz? Então tem algo errado neste conceito sobre o dinheiro, não acha?

Se você tivesse dinheiro para pagar os melhores médicos para as pessoas que ama, pudesse comprar as melhores frutas e legumes para seus filhos, jamais precisasse andar em transporte público, pudesse contribuir financeiramente com alguma instituição que ajuda crianças com câncer, a sua vida seria pior ou melhor? Então aonde está o erro ou pecado em desejar ter dinheiro?

Aprenda uma coisa, jamais acredite no que te falam, no que escrevem, sempre, mas sempre procure saber a verdade, faça perguntas!

Treine o seu cérebro a fazer perguntas para tudo.

A curiosidade te levou até o ponto que você está porque você fez perguntas. O conhecimento te fez progredir porque você aprendeu novas habilidades. Mas como você sabe o quanto você cresceu, evoluiu? Uma das formas é quantificar o seu patrimônio e outra forma é avaliar o valor do seu conhecimento, das suas habilidades, certo?

Quando você coloca metas no papel com data você está quantificando e neste momento o cérebro interpreta como desafios, da mesma forma que ele interpretou os desafios que você impôs para aprender a andar, falar e passar de ano na escola, por exemplo. Esta é a grande sacada que muda tudo porque prosperamos através de desafios que impomos a nós mesmos.

O forte desejo de prosperar fez com que a humanidade encontrasse soluções para todos os seus desafios.

O mais incrível é que nascemos com metas para engatinhar, dar os primeiros passos e falar, depois deixamos de lado quando adulto.

Agora reflita comigo e me responda, por que deixamos de lado as metas quando crescemos? Você tem metas pessoais? Estão no papel? Se sim, você é uma pessoa diferenciada.

Neste ponto quero que você observe que não estou falando em ter sonhos, estou falando de metas, objetivos.

Observei ao longo dos anos, que na fase adulta deixamos de ter metas. Um dos fatores que mais contribuem para abandonarmos as metas depois de adultos é porque simplesmente não nos ensinaram a ter metas. Eu arrisco ao afirmar que você não tem nenhuma meta diária no papel e está tomando conhecimento aqui agora.

Lembra do formato das escolas que nos educam para atender as fábricas? É aí que as metas começam a ruir.

Quando nascemos o nosso cérebro vem "programado" a repetir ações e ser premiado com metas atingidas, tais como, engatinhar, chorar quando está com fome, dar os primeiros passos e assim por diante, mas simplesmente deixam de existir na medida que nos tornamos adultos.

O nosso modelo de ensino é baseado apenas em ter conhecimento, mas ter conhecimento não é sinônimo de felicidade. Você precisa colocar em ação o que aprendeu, experimentar, errar e aprender o que não fazer, mas como fazer isso se passamos anos e anos apenas estudando? A consequência é que através da repetição, e se você perceber, instala no seu cérebro o hábito de não ter metas.

Então você começa a sua carreira profissional e trabalha apenas para pagar as contas. O despertador toca pela manhã, você sai na correria, com mau humor porque faz o que faz pelo dinheiro, chega na empresa e executa atividades monótonas, seriais, repetitivas e sem perspectiva de satisfazer o que está dentro de você, o seu real propósito de vida. A semente está aí adormecida esperando para ser germinada.

Talvez você ache que isso é normal, que é assim mesmo porque absorveu esta crença modelando os seus pais. Mas isso não é normal! Muitos chamam este processo de a corrida dos ratos.

Quando entramos nesta corrida, sabe o que acontece ao longo do dia? Tentamos compensar esta decepção ingerindo alimentos ricos em açúcar, gordura ou cafeína, e o organismo libera substâncias que geram satisfação e combatem o estresse para gerar alguma satisfação temporária e este ciclo vicioso não é saudável para o nosso corpo, espírito e mente.

Entramos numa frequência mais baixa de energia e como somos feitos de energia, este processo nos insere no campo energético da reclamação, da ira, da raiva, da maledicência, da gula, da pornografia, etc.

E ano após ano continuamos neste ciclo porque estamos apenas trabalhando para pagar as contas, aceitamos ser o que que dá para ser e compensamos a desilusão alimentando o nosso corpo, a nossa mente e o nosso espírito com todas as porcarias que estão ao nosso alcance.

E como deixar de ser uma lagarta, acreditar no seu potencial e se transformar?

E pensar que tudo isso foi uma reação em cadeia porque paramos de ter metas em nossas vidas na fase adulta. Isso me lembra a música do Zeca Pagodinho que retrata bem a cultura atual.

"E deixa a vida me levar (vida leva eu). E deixa a vida me levar, vida leva (vida leva eu). Deixa a vida me levar (vida leva eu)..."

Não ter objetivos na vida, metas para concretizar nossos sonhos é deixar a vida te levar. Por outro lado, ter metas nos blinda das fofocas, nos motiva, nos dá mais confiança porque o nosso sonho vai ficando tangível pouco a pouco, você percebe nos números o caminho que está trilhando.

O fato é que você precisa ter metas e premiar o seu cérebro, assim como fazia na sua infância.

Talvez o que você faz neste exato momento você está se sentido perdido, não sabe o que fazer, por onde começar porque percebeu que o que faz agora não tem nada a ver com o seu propósito. Te fizeram acreditar que você é uma lagarta porque isso é o que dá para ser e paga as contas, será que paga? Mas você neste momento saber que pode voar alto, pode ser muito mais e já tem um caminho para se transformar, use o método **M.A.P.A.**

Neste momento te desafio a perguntar para uma borboleta se ela quer deixar de voar e voltar a ser lagarta. Pergunte a uma pessoa feliz se ela deseja voltar atrás.

Então é simples, vamos seguir em frente com a nossa metamorfose. Neste momento quero que você olhe para as 3 metas definidas na tarefa do capítulo 3. Mentalize o atingimento das metas que você definiu e veja se elas são fundamentais para você alcançar o seu sonho, objetivo.

Em seguida visualize-se o resto da vida fazendo o que você definiu como o seu maior propósito, o motivo pelo qual você está aqui neste planeta.

Teve alguma dúvida? Que tal rever o seu propósito e as metas que você definiu? Reflita alguns minutos sobre esta pergunta: qual é a sua meta pessoal de vida? Vou melhorar a pergunta, qual é o seu propósito na vida? Melhor ainda, qual é o seu grande sonho na vida?

Sonhar é muito bom, mas não é uma meta!

Parece inacreditável, mas é a pura verdade: 99% das pessoas tem sonhos enquanto 90% das pessoas não têm metas.

Sonhar é muito bom, mas quando o nosso sonho fica somente no mundo da imaginação e não fazemos nada a respeito para concretizá-lo então o sonho se transforma num acordo que fazemos conosco e neste acordo o sentimento é de infelicidade até que tenhamos metas concretas e reais para atingir o nosso objetivo!

Forte isso não? Sem metas somos passageiros navegando ao sabor dos ventos e das marés! Sem direção, sem rumo qual é a chance de alcançar os nossos objetivos? Ter metas é imprescindível para nós mortais! Se não tivermos objetivos, propósito, a vida fica morna e vira uma rotina insossa. Sem desafios você, aos poucos, perde a motivação.

Por isso é importante sonhar e colocar em ação o que for preciso para concretizar o sonho. Ter metas conectadas com o seu sonho é o GPS para você não se perder no seu objetivo, lembre-se o mundo é repleto de distrações.

Agora quero que você reflita sobre as suas metas até o dia de hoje. Elas estão conectadas com o seu propósito? Você olha para estas metas todos os dias? Ao atingir as metas você está mais perto ou mais longe do seu objetivo? O segredo está nos números, no micro resultado.

Observe que 99,99% das pessoas deste planeta têm sonhos, porém somente 10% tentam colocar em ação os seus sonhos de alguma forma. E destes 10% que tentam colocar em ação, 95% não tem nenhuma estratégia, metodologia ou metas, isso significa que apenas 5% conseguem chegar perto do resultado desejado.

Isso quer dizer que de cada 1.000 pessoas que sonham com uma vida próspera, apenas 1 coloca em ação algum plano com estratégia e metodologia para atingir o sonho.

Segundo estudo feito em outubro de 2015 pela Oxfam, uma organização não governamental britânica, a riqueza acumulada por 1% das pessoas mais abastadas no planeta equivale, pela primeira vez, à riqueza dos 99% restantes.

O que estou dizendo aqui e que se você colocar em prática o **M.A.P.A.** você aumenta exponencialmente a chance de uma vida mais próspera, mais feliz, mais tranquila, e não é algo que vai acontecer da noite para o dia, é um método e como todo processo o tempo é um fator fundamental para o sucesso.

Agora que você tomou conhecimento destes números te convido a ajustar as suas metas. Vou te ensinar um conceito que mudou completamente a minha forma de pensar e agir. O conceito de SER, FAZER e TER.

Você precisa saber claramente o que quer SER, o que precisa FAZER para SER e o TER é consequência.

Guarde isso porque tudo está diretamente ligado a este conceito que está conectado ao Tripé do Sucesso.

Imagine que você deseja ser um médico, um engenheiro, um policial, um enfermeiro, um professor, tantas profissões... A pergunta chave é: você deseja realmente SER um engenheiro ou quer ser um engenheiro porque é o sonho dos seus pais?

Faça esta reflexão profunda e encontre a resposta que só você tem.

O fato é que quando escolhemos um caminho que não é o nosso real desejo não nos importamos muito com o resultado, apenas vamos seguindo e pagando as contas.

Agora você pode estar questionando qual é o problema de apenas trabalhar para pagar as contas ou para juntar o máximo possível de dinheiro. Nenhum problema se isso for provisório, se isso for parte de uma estratégia.

Porém, não ter planos significa deixar a vida me levar e um dia os sonhos mais profundos se tornam decepções, desilusões, amarguras.

Este livro é um convite para você sair do seu casulo e se transformar, chamo isso de metamorfose da vida real.

O que você realmente quer SER?

Tarefas:

1 – Pegue um papel e caneta e escreva frases que representam os seus objetivos de vida, escreva tudo pelas próximas 24h, não mais do que isso. Escreva o que você realmente deseja SER.

____

____

____

____

____

____

2 – Depois de 24h leia todas as suas anotações e risque as que não fazem mais sentido para você até sobrarem no máximo 3 frases descrevendo o que você deseja realmente ser para o resto da sua vida. Faça isso em no máximo 2h.

____

____

____

____

____

____

3 – Antes de dormir leia para você os objetivos que você separou.

4 – No dia seguinte uma hora no máximo após você acordar reflita uns minutos sobre os seus objetivos e escolha aquele que arde dentro do seu peito. Este é o seu real objetivo, é o que você quer SER!

____

____

5 – Agora compare com o que você fez na tarefa do capítulo anterior. Mudou o seu propósito?

____

____

____

6 – Escreva 3 metas diárias que você precisa fazer e que esteja conectada com o seu propósito para você chegar mais perto do seu objetivo.

____

____

____

7 – Compare com as metas do capítulo anterior.

O Tripé do Sucesso

Uma vez que você ajustou o seu propósito, suas metas e está tudo conectado vamos seguir em frente. Caso não tenha finalizado as tarefas dos capítulos anteriores sugiro terminar antes de continuar.

Com certeza você já ouviu a frase "mente sã, corpo são", isso significa que você precisa cuidar destas 2 forças para se manter saudável mentalmente e fisicamente. O que falta nesta frase é lembrar que precisamos cuidar do espírito (alma).

O Tripé do Sucesso é cuidar da mente, do corpo e do espírito e estas são as 3 forças que regem as nossas vidas. Imagine estas forças formando um triângulo e ao centro estão as suas sensações e sentimentos.

A sacada aqui é conectar as metas diárias com estas 3 forças, portanto neste capítulo vou te ajudar a revisar as suas metas.

E por que é necessário ter as 3 metas diárias conectadas com o Tripé do Sucesso?

Imagine você sentado num banco de madeira com 3 pernas e uma destas pernas está sendo corroída por cupins.

O que vai acontecer com você quando esta perna se partir?

Portanto é fundamental cuidar das 3 forças e as metas diárias precisam estar conectadas com o Tripé do Sucesso.

O Tripé do Sucesso

Quantas pessoas de muito sucesso no que faziam você viu desabar? Atletas, artistas, celebridades e tantas pessoas que destruíram a sua vida, carreira, relacionamento porque não cuidaram do Tripé do Sucesso. Deixaram o cupim e as traças corroeram um dos pilares da vida.

Ronaldinho Gaúcho chegou a ganhar 24 milhões de euros como jogador e perdeu tudo. Ele uma vez disse que não tinha nem 40 euros na sua conta e ainda foi preso em 2020.

Garrincha considerado um astro mundial na sua época gastou tudo com diversão e bebidas, Nicolas Cage chegou a se um dos atores mais bem pagos por Hollywood e foi processado em 2009 por conta de uma dívida de US$ 6,5 milhões.

Claudio Corrêa e Castro no final da vida declarou que perdeu tudo e tinha problemas pessoais graves e não tinha para onde ir, foi acolhido no Retiro dos Artistas onde não precisava pagar nada e cuidavam dele. São pequenos exemplos de como o Tripé do Sucesso desaba, alguns conseguem se reerguer outros afundam de vez.

Mas aqui vou te ensinar a não deixar que isso aconteça, então, vamos começar a rever as metas para você ajustar, combinado?

Uma das metas diárias que vou sugerir é de motivação. Por que de motivação? É importante você saber que motivação não é permanente ou você conhece alguém que está motivado 24h por dia? E o que fazer quando não tiver motivação?

Você precisa criar uma forma de se motivar todos os dias, por isso muitas pessoas falam da importância de meditar, orar ao acordar e antes de dormir. Tem um princípio nisso e é o que vou te contar agora.

Notei através da modelagem e observação em pessoas de sucesso duradouro, que elas todos os dias ao acordar se conectam com Deus, com o universo, com a natureza, como você preferir chamar, mas esta ligação só acontece através da oração e ou meditação. E é muito importante que seja durante os primeiros 30 minutos ao acordar.

E por que os primeiros 30 minutos? Porque ainda estamos sob o efeito das energias revitalizadoras que recebemos durante o nosso sono. Por isso é extremamente importante começar com paz, com gratidão, com boas vibrações e começar desta forma tem reflexos positivos com o seu resultado ao longo do dia, por isso as pessoas mais prósperas dedicam um tempo muito especial neste período.

Você pode até desconfiar do que eu estou falando agora, mas experimente por 30 dias e veja a diferença. Observe uma pessoa que acorda estressada, reclamando, grosseira, que fuma e até mesmo ingere bebida alcoólica logo ao acordar. Qual é a sua sensação ao estar perto desta pessoa? Que energia ela transmite?

Em uma das empresas que trabalhei conheci algumas pessoas ríspidas ao falar com os outros que tinham uma posição inferior. Isso causava um mal-estar enorme na empresa, teve até casos de assédio moral, e com o tempo o resultado não é bom porque ninguém gosta de ficar ao lado de uma pessoa "grosseira". Pessoas estressadas, ríspidas, que só pensam no resultado não se importando com o bem-estar de quem está a sua volta geralmente tem uma história triste ao final porque estão infringindo as leis das forças que regem as nossas vidas. São rotuladas como desumanas, tiranas, más, insensíveis e tantos outros adjetivos.

Mas como mudar? Em primeiro lugar ela tem que reconhecer a sua falha, depois precisa buscar ajuda de profissionais terapeutas e recontar com Deus de alguma forma.

Se você conhece alguém que está precisando desta ajuda com certeza este livro vai ajudá-la no mínimo a refletir as suas ações.

Percebeu a importância de se conectar com Deus nos primeiros 30 minutos ao levantar-se? Esta conexão ao acordar é uma preparação valiosa e pode parecer insignificante, mas, de novo, experimente fazer isso no mínimo 30 dias consecutivos. Ao levantar-se agradeça por tudo o que você tem, apenas isso.

Por exemplo, quando você vai fazer uma atividade física não tem uma preparação? É o que chamamos de aquecimento e tem um motivo.

Você não precisa entender de eletricidade para usufruir dos seus benefícios. Apenas acredite e faça!

Quando acordo faço sempre a minha oração de gratidão. Nada especial apenas me conecto com as frequências mais altas que Deus emana para todos nós de forma contínua e infinita.

E não adianta fazer por fazer e achar que tudo vai mudar. Você precisa colocar o seu coração nisso, precisa sentir a vibração, o amor. Lembre-se que Deus sempre fala “sim” para os nossos desejos verdadeiros e profundos.

Voltando a nossa meta diária de motivação, entenda que somos feitos de energia e precisamos limpar a sujeira mental que absorvemos com tantas mensagens de baixa vibração que recebemos o dia inteiro e com certeza fica impregnada na nossa mente.

Deixe-me perguntar uma coisa: quando tomamos banho é para sempre? Certamente que não, ou seja, você precisa limpar a sujeira do dia, da mesma forma você precisa cuidar da sua mente com toda esta sujeira que absorve.

O que quero que você entenda é que assim como tomar banho todos os dias, também é importante limpar a mente todos os dias removendo a sujeira mental que absorvemos.

Você não percebe, mas estas sujeiras mentais vão grudando na sua mente e no seu corpo forma sutil. No final do dia você se sente carregado, esgotado, sugado mentalmente.

Uma analogia é o que acontece com a poeira no chão da sua casa, nos móveis, nas cortinas, você só percebe depois de uns dias. Portanto você precisa tomar o seu banho mental todos os dias.

Tenha a certeza de que tem muita sujeira por aí e você precisa limpar a sua mente!

E toda esta sujeira impregnada destrói a sua motivação porque o mundo é negativo, tem muitos problemas! Basta zapear nos jornais, sites de notícias, bate papos no trabalho, grupos de WhatsApp, ou seja, é uma avalanche de negatividade. E se uma quantidade dessa negatividade grudar em você, e isso vai acontecer, irá te fazer mal, concorda?

E se você não cuidar desta limpeza o que acontece? Com o passar dos anos ficamos endurecidos, com o rosto fechado e cheio de rugas. Você deseja isso? Eu não quero isso para mim e tenho absoluta convicção que você também não quer para você. Então é necessário, é imperativo remover esta sujeira e buscar motivação todos os dias para alimentar o seu espírito!

Vamos a um exemplo: se você tem uma quantia no banco e retira um valor todos os dias, uma hora o dinheiro vai acabar, estou certo? Para que isso não aconteça você precisa depositar dinheiro no banco com frequência.

O mesmo acontece com a motivação. Você precisa repor uma quantidade todos os dias, do contrário em algum momento a sua motivação vai acabar. Lembre-se somos feitos de energia, precisamos recarregar as baterias.

Então você tem que ter meta diária de motivação e que está diretamente conectada com a limpeza da sujeira mental que existe no planeta.

#1 – tenha uma meta diária de motivação!

Agora vamos para a próxima meta diária. Você tem que ter uma meta pessoal de aperfeiçoamento.

Por que ter uma meta de aperfeiçoamento? Oscar, jogador a seleção brasileira de basquete, se tornou o maior pontuador de cestas de 3 pontos e foi chamado para NBA, sabe o motivo? Ele tinha meta pessoal de aperfeiçoamento, quando todos iam embora do treino ele ficava lá por mais horas treinando arremesso. Zico, jogador de futebol do flamengo, fazia a mesma coisa treinando faltas e pênalti, Tiger Wood jogador de golfe profissional treinava no mínimo 8 horas todos os dias.

Todos estes atletas têm em comum o aprimoramento contínuo de suas habilidades e isso faz toda a diferença. Eu já perdi a conta de quantos treinamentos assisti e ministrei, e tenho certeza que a cada treinamento eu melhorei. De nada serve aprender e guardar para si. Isso se chama egoísmo e pessoas egoístas não prosperam.

Você pode neste exato momento tentar se autossabotar dizendo que não tem tempo para estudar, que o seu dia é muito corrido e ter mil desculpas. E vou te provar que você tem tempo sim e desconstruir a sua autossabotagem.

Por exemplo, se você começa a jogar golfe e faz 1 aula por semana e eu também comecei a jogar e faço 3 aulas por semana, com certeza em 30 dias isso não faz muita diferença, certo? Mas daqui a 1 ano fica evidente a diferença porque eu fiz 156 aulas e você 52 aulas de golfe. Percebeu?

Ainda não se convenceu? Então raciocine comigo, um livro de 200 páginas tem em média 50.000 palavras e se uma pessoa comum consegue ler em média 250 palavras por minuto, então, ao ler este livro todos os dias por 15 minutos, em 14 dias ela lerá o livro, certo?

A partir deste cálculo eu posso te afirmar que se você ler 15 minutos por dia você vai ter lido mais de 20 livros de 200 páginas em 1 ano. Faça as contas!

Este é um dos grandes segredos das pessoas prósperas, pequenos hábitos que fazem uma enorme diferença!

Por exemplo, este livro tem menos de 100 páginas e você pode usar 15 minutos do seu dia para ler um pouco todos os dias. No máximo em 10 dias você terá lido o meu livro! Olha o quanto você aprendeu usando uma fração diária do seu tempo, que é valioso, de forma inteligente!

Então anote a principal habilidade que você precisa aprimorar e construa a sua meta de aperfeiçoamento.

#2 – tenha uma meta diária de aperfeiçoamento!

Agora vamos à última meta do Tripé do Sucesso: compromisso. Se você não assumir um compromisso com as suas metas não vai adiantar de nada. Vontade não é suficiente para alcançar o seu objetivo.

Coloque uma coisa na sua cabeça, se você não adquirir o hábito de assumir um compromisso sério em unidade com o propósito, garanto que você vai fracassar. Agora quando temos um compromisso firmado, as chances de sucesso aumentam exponencialmente porque na maioria das vezes a solução para os nossos desafios aparecem.

Eu garanto a você que vão surgir diversos desafios na sua caminhada, mas quando não assumimos o compromisso somos inclinados a largar tudo no primeiro obstáculo. Você vai dizer o seguinte: "olha só, não sabia que ia ser tão difícil, tão complexo, tão cansativo...", são desculpas que arrumamos para justificar e pular fora. Isso acontece porque você não assumiu o compromisso.

Agora vamos analisar por outro ângulo. Quantas vezes você brigou com o seu pai, a sua mãe ou o seu filho? Quantas vezes você brigou com a sua esposa ou marido? Quantas vezes você teve enormes desafios no seu trabalho? Você pulou fora no primeiro revés? E por que você não desistiu? Porque você tinha um compromisso firmado e seguiu em frente.

Então a partir de agora você vai alinhar o seu propósito com uma meta de compromisso. O que quero dizer é que você vai anotar no papel o tempo que você vai realmente se dedicar para realizar o seu sonho. Por exemplo, o que você deseja é alcançável em 3 meses? 6 meses? 1 ano? 3 anos? 10 anos? Declare o seu objetivo com um prazo real, uma data, para atingir, isso é ter uma meta correta e conectada com o seu propósito. Você vai ficar surpreso com o resultado. E acredite porque se você não acreditar, quem vai?

#3 – tenha uma meta diária de compromisso!

Falamos detalhadamente de 3 metas diárias: motivação, aperfeiçoamento e compromisso. E por que falei destas metas em específico? Porque elas estão conectadas com o Tripé do Sucesso!

Meta de motivação mexe com os seus sentimentos com a sua fé com a sua espiritualidade, meta de aperfeiçoamento é aprimorar suas habilidades e colocar em ação e por fim o compromisso é ter a mentalidade correta no tempo correto.

Não esqueça o seu **M.A.PA.** do tesouro está na sua frente, quanto tempo você vai levar para alcançá-lo? O que você tem feito para chegar mais perto do seu tesouro? O que você precisa fazer para chegar lá?

Entenda que nesta jornada não importa o que vai acontecer com você, porque coisas vão acontecer. O importante é como você vai lidar com os desafios. É isso que determina se você vai ou não prosperar.

Se você está neste momento em alguma situação muito desafiadora entenda que um dos maiores segredos de sucesso não é colocar foco no problema é colocar o foco na solução. Não fique remoendo o que aconteceu, olhe para frente e veja o que você tem em mãos de positivo para seguir adiante, seja positivo sempre!

Você precisa acreditar nos conceitos, na sua empresa, no seu negócio, no seu potencial. Existe um ditado que fala que 1 pessoa com convicção vale mais que 1.000 pessoas com interesse e isso é a mais pura verdade.

Alimente a sua motivação todos os dias com uma música, meditando, agradecendo, olhando micro resultado, nadando, caminhado na floresta, encontre a melhor forma.

Busque incessantemente pelo seu aperfeiçoamento pessoal todos os dias com videoaulas, livros, audiolivros para crescer cada vez mais, passo a passo, degrau por degrau e por fim não esqueça de assumir um compromisso de fazer o que tem que ser feito todos os dias para alcançar o topo!

Uma bela casa não foi feita da noite para o dia, foi construída através de um processo. Primeiro os alicerces, depois as paredes, encanamentos, elétrica, teto e por fim os acabamentos e pintura.

Faça do seu sonho a construção da sua mansão, da sua prosperidade. Seja o arquiteto da sua vida. Isso é acreditar!

Tarefas:

1 – Redefina as suas 3 metas e garanta que estão conectadas com o seu propósito.

Motivação

____

____

Aperfeiçoamento

____

____

Compromisso

____

____

2 – Se você está com algum desafio enorme nas mãos não foque o problema, coloque foco na solução. Anote num papel 50 possibilidades para solucionar o seu desafio. Ao final tenho certeza que você encontrou a melhor solução.

____

____

____

____

____

____

A matemática da prosperidade

Neste ponto você já trilhou pelos 4 passos do **M.A.P.A.** e fez todas as tarefas para ajustar as suas metas diárias. Além disso, já sabe que para vencer os seus desafios precisa de **A.R.** e colocar em ação o **P.A.A.M.**

Olha o quanto você aprendeu e colocou em prática? E tudo conectado com o seu real propósito, ou seja, você montou o seu Tripé do Sucesso.

Agora ficou bem claro que sem estratégia e metodologia dificilmente você vai alcançar o topo e se tornar um profissional de sucesso, ter um negócio próspero, sentir a felicidade plena!

Também aprendeu que para chegar ao seu verdadeiro propósito, e que pode mudar em diferentes fases da vida, é necessária uma introspecção para descobrir o que realmente você quer SER para saber o que precisa FAZER para SER e o TER é apenas consequência. Lembre-se, jamais negligencie os princípios Divinos porque eles sustentam o seu Tripé do Sucesso.

Sabe o que você acabou de realizar? Colocou no papel o seu quadro dos sonhos! Muita gente fala dele, mas poucas pessoas realmente entendem o seu significado e como chegar lá com estratégia.

Agora te convido a montar o quadro dos sonhos e colocá-lo na sua frente para vê-lo ao acordar e antes de dormir. Pegue uma cartolina ou uma folha de papel e monte o seu quadro. Ele deve conter o seu propósito e suas metas diárias com datas para alcançar. Se possível coloque fotos que mostrem visualmente o significado do seu propósito.

Em seguida pendure em um local visível, por exemplo, na parede do seu quarto, na porta da geladeira, no espelho do banheiro, enfim, pendure aonde você possa ver todos os dias o tempo todo. Esta técnica mantém o seu hiperfoco no seu objetivo e evita distrações.

Este é um exemplo prático para você montar o seu quadro dos sonhos e que pode ter vários pilares.

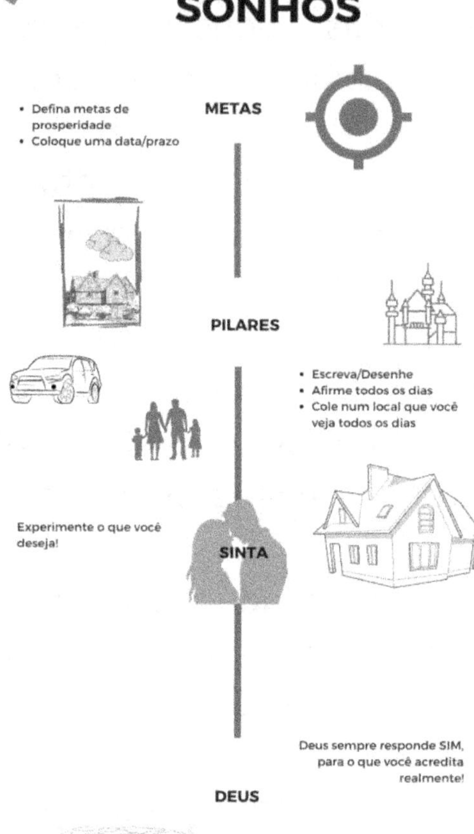
Mentalidade
QUADRO DOS SONHOS
• Defina metas de prosperidade
• Coloque uma data/prazo
METAS
PILARES
• Escreva/Desenhe
• Afirme todos os dias
• Cole num local que você veja todos os dias
Experimente o que você deseja!
SINTA
Deus sempre responde SIM, para o que você acredita realmente!
DEUS
SER - FAZER - TER
marcotangari.com.br

Existe um provérbio russo que diz o seguinte: se você persegue 2 coelhos ao mesmo tempo não vai pegar nenhum, então cuidado com o excesso no quadro dos sonhos porque todos os pilares precisam estar conectados com o seu único alvo.

Quero que você entenda que quando falamos de propósito claro e definido estamos falando de foco em um único alvo, isso mesmo uma única coisa para você crescer e prosperar!

Agora vamos falar mais um pouco sobre prosperar e alguns conceito que farão a diferença na hora de você montar as suas metas e acelerar o mais rápido possível rumo ao topo.

Vamos falar de matemática, até porque metas são números para chegar a um resultado.

Quando aprendemos matemática o professor ensinou os seguintes sinais básicos: soma/adição "+", subtração "-", divisão "/" e multiplicação "x". Qual destes sinais você acredita que significa crescimento?

Você deve ter aprendido desta a sua infância, assim como eu aprendi, que devemos poupar para crescer na vida, certo? E na matemática poupar é somar. Mas note que se você apenas somar o seu crescimento será lento. Se não acredita no que estou falando responda a seguinte pergunta: quem você conhece que é milionário apenas guardando dinheiro na caderneta de poupança?

Então podemos concluir que somar é na verdade juntar um pouco mais, mas não é o suficiente para alcançar resultados expressivos. A questão aqui é vencer as nossas crenças que nos limitam quando falamos em prosperar porque a maioria de nós fica satisfeito com a soma.

Observe a natureza, uma nascente de água ajuda algumas plantas e animais a matar a sede, certo? Várias nascentes, uma ao lado da outra se somam e juntam mais água para formar um pequeno riacho, já melhorou, mas ainda é adição. Um riacho que junta com outro riacho e mais outro riacho até que vira um rio. E o que é um rio? É a multiplicação de várias nascentes e riachos.

Multiplique a água da chuva, o desgelo das montanhas neste rio e temos um enorme rio com muita força e beleza.

No final quem prosperou? A nascente? Não! Foi o rio formado pela multiplicação de todas as águas.

E todos os rios apontam para onde? Para o oceano que prospera muito mais.

Observe a natureza e você vai descobrir que ela prospera multiplicando e não somando! Toda a criação de Deus prospera! Não estou falando de dinheiro, estou falando de prosperidade. Dinheiro é um dos resultados da prosperidade.

Esta sacada da multiplicação é a sua hora da metamorfose!

Prosperar é multiplicar e não somar.

O que estou dizendo é que você pode e deve prosperar como pai, mãe, marido, esposa, filho, empreendedor, em tudo na sua vida. Porém precisa da mentalidade correta. Muitas pessoas não saem do lugar porque só querem sugar e isso é subtrair na matemática.

Subtrair é retirar. Lembra do exemplo da meta de motivação? Se você tem no banco R$ 1.000,00 e retirar R$ 100,00 todos os dias o que vai acontecer?

É isso que a grande maioria das pessoas faz. Elas recebem o seu salário e só pensam em retirar, subtrair e não pensam em soluções para somar. Imagina se elas pensam em multiplicar? Nem passa pela cabeça. Salário é bom, mas limita você, não te deixa prosperar. Se você deseja realmente prosperar precisa aprender a multiplicar!

Você precisa mudar a sua mentalidade e uma das coisas que aprendi é que empreender te força a pensar corretamente, por isso dói, machuca, é difícil, mexe com os sentimentos, simplesmente porque você está saindo da sua zona de acomodação, está quebrando crenças equivocadas de uma vida. Pense nisso!

Agora vamos falar de divisão. E neste ponto peço a sua total atenção para o conceito correto da divisão.

Aprendemos que precisamos dividir parte do que temos com os que não tem, sim temos a obrigação de dividir. Em várias narrativas dos Apóstolos de Jesus nos é ensinado dividir, doar, compartilhar, certo?

Agora note que antes de dividir Jesus sempre multiplicava. Sabe por quê? Porque dividir sem multiplicar é subtrair e uma hora vai acabar, portanto o ensinamento é que multiplicar significa produzir para depois você dividir sem o risco de acabar para sempre.

Nunca pense em dividir antes de multiplicar.

Vamos a outro exemplo observando a natureza. Guardar uma semente numa caixa é somar (isso me lembra a parábola dos talentos), você pode juntar mil sementes numa caixa e depois de uma vida inteira você continua com mil sementes porque o que você fez foi apenas guardar. Agora se plantar a semente você multiplica.

E se você comer a semente o que vai acontecer? Vai subtrair, certo? Se continuar a comer sem parar vai ficar sem nada.

Agora para você que ainda não acredita que dividir tem que ser depois de multiplicar, raciocine comigo. Se você apenas dividir, então, no meu exemplo acima você distribui as sementes e no final vai ficar sem nada.

Mas se você der sorte de sobrar apenas 1 semente como você vai dividir? Vai cortá-la ao meio? Parabéns, você acabou de matar a única semente que restou, ela não serve mais para plantar (multiplicar) e pode ser que todos morram de fome em breve.

Você tem que pensar em tudo o que deseja fazer com a visão de multiplicar, escalar. No meu treinamento Caderneta da Prosperidade eu ensino com mais profundidade como multiplicar e dividir.

Entenda que quanto mais você tiver mais você vai poder dividir e usar o digital para escalar um negócio é uma das formas mais rápidas de escalar.

Tarefa:

1 – Reflita como você pode escalar e prosperar o seu propósito com olhar de multiplicação

____

____

____

____

____

2 – Escreva aqui 5 opções para escalar o seu negócio

____

____

____

____

____

3 – Separe de 2% a 5% do que você multiplicou e divida com quem precisa. Escreva aqui o nome da instituição que você deseja ajudar

____

____

____

____

____

____

Refletir e Revisar

A partir deste ponto do livro o convido a refletir sobre o seu propósito novamente. Falamos de muitos conceitos profundos e que mexem com as nossas crenças, com o que aprendemos desde pequeno.

Sei que as vezes negligenciamos o nosso objetivo porque precisamos pagar contas, mas quero deixar o alerta que se você não pensar bem no seu real propósito pode sentir muita frustração no último quarto da sua jornada.

Por isso este capítulo é curto e fundamental. Vamos fazer uma análise do que já falamos até agora?

Na largada alinhamos as expectativas sobre o que está acontecendo com o mundo em que vivemos, trabalhamos e fazemos negócio. Não tem como ficar apenas observando se você realmente deseja prosperar, alcançar o seu **M.A.P.A.** do tesouro.

Você aprendeu uma estratégia e métodos simples e eficientes de como planejar, agir, analisar e mudar (**P.A.A.M.**) o que for necessário para seguir em frente e conquistar o seu objetivo.

Aprendeu também que tudo precisa estar conectado, ou seja, o seu propósito precisa estar conectado com as 3 metas diárias que serão o GPS da sua jornada.

Outro aprendizado foi a importância da pergunta chave para si mesmo que é: o que realmente eu desejo SER? O que preciso FAZER para SER? E o TER é apenas o resultado das suas ações conectadas com o que você deseja SER.

A sinergia perfeita entre o seu propósito e as ações para realizá-lo gera uma multiplicação exponencial.

Se você colocar em prática tudo isso que te passei até aqui já é o suficiente para você prosperar! A vida é simples e nós complicamos.

Roberto e Douglas irmãos gêmeos criados igualmente pelos pais, nunca tiveram uma vida fácil, seu pai era feirante e morreu cedo deixando mais 2 filhos, além dos gêmeos, e 3 filhas.

Douglas sempre sonhou alto enquanto Roberto reclamava da vida e aceitava o que dava para ser, porém lá no fundo ele estava insatisfeito e esta angústia foi crescendo lentamente por pensamentos confusos e que externavam em atitudes inconsequentes.

Talvez os pais de Roberto sonhavam com ele trabalhando numa boa empresa, com filhos e uma boa esposa até se aposentar. Talvez tenha gerado um conflito interno nele porque não era o que ele desejava, mas de tanto ouvir passou a ser uma verdade disfarçada. E o que desejamos, sentimos, vibramos, nós realizamos. Se você acredita ou não é assim que funciona a vida, basta olhar para trás e ver o que você realmente acreditou, sentiu e realizou até este momento.

O fato é que Roberto abusava da sorte e Douglas já trabalhava numa grande empresa multinacional para juntar o suficiente e começar o seu próprio negócio. Por volta dos 27 anos Roberto se acidentou e quase ficou tetraplégico, foram 3 anos desafiadores de fisioterapia para ele voltar a andar. O interessante é que Roberto usou o acidente como uma "bengala" para ficar sem fazer nada e viver à custas da mãe.

Douglas finalmente começou a se aventurar em vários negócios até se estabelecer como empresário e como a maioria vai ajudando a família colocando-os para trabalhar na sua empresa.

Esta atitude quase foi a ruína dele porque seus irmãos o invejavam e inconscientemente sabotavam a sua prosperidade. Até mesmo o seu irmão gêmeo sempre que podia reclamava de tudo e pior falava mal do irmão para os clientes, enfim, Douglas percebeu institivamente que não dava para continuar e fechou a empresa.

Atualmente Douglas conquistou a sua liberdade financeira e seus irmãos continuam com o que dá para ser.

Todos temos desafios enormes para superar, mas a forma que você lida com isso é que faz a diferença. Raros conseguem superar sem ajuda, como o caso de Douglas e é por isso que escrevo este livro.

Acredito que neste momento você já tem todas as respostas para o seu real propósito e metas conectadas, correto?

Mas faça mais um esforço e questione a si mesmo se o seu propósito está claramente conectado com o que quer SER, com o que quer FAZER para toda a sua vida e, consequentemente o que você vai TER é o resultado das ações que você fez para SER.

Mentalize 10 anos para frente e veja se o resultado te deixa super feliz. Este é o seu verdadeiro propósito? Já fiz esta pergunta antes aqui, mas estou provocando se a resposta da mentalização que você está fazendo agora é o que realmente deseja.

Ao longo dos anos percebi primeiro comigo e depois com centenas de pessoas que, na maioria das vezes confundimos o nosso propósito com o dos nossos pais. Como assim? Vamos ao exemplo.

Imagine que você deseja ser um médico, então as suas metas diárias vão ser: fazer a faculdade de medicina (compromisso); obter novas especializações ou participar de congressos (aperfeiçoamento) e montar um consultório ou ser o médico chefe e ajudar milhares de pessoas (motivação).

Alguns amigos largaram a carreira em tecnologia da informação (T.I.) para mudar completamente de profissão depois de formados e bem sucedidos profissionalmente. Imagine se preparar por anos e anos para ser um profissional de sucesso em T.I. e depois virar um médico, fisioterapeuta, comerciante, nutricionista, e por que isso aconteceu?

Porque não era o propósito deles, era o propósito dos pais deles e isso virou uma verdade disfarçada, então seguiram em frente.

Alguns percebem no início, outros demoram mais um pouco para descobrir a verdade disfarçada. Descobrem que escolheram uma profissão que os pais sugeriram e não querem mais continuar, mas o salário é bom e pesa, então empurram por mais tempo. *"Deixa a vida me levar..."*, lembra?

Você pode estar se perguntando agora como uma pessoa não percebe isso? Por mais incrível que pareça, esta situação é mais comum do que você imagina, por isso mesmo estou aqui fazendo esta revisão e reflexão com você. É uma dinâmica simples e garanto que você vai encontrar a sua resposta.

Vamos continuar com o exemplo do médico. Agora pense no seguinte, ao alcançar o seu propósito de ser um médico respeitado o que vai fazer depois? Vou clarificar, ao se formar em medicina, participar de congressos, conseguir um excelente emprego ou ter o seu consultório, isso vai deixá-lo mais feliz? Atuar nesta profissão pelos próximos 30, 40, 50 anos é isso que você realmente sonha? Faça esta pergunta adaptando a sua realidade.

Ao responder as perguntas acima o resultado te deixe feliz? É realmente o que você deseja ser? Então siga em frente, porém se não te deixa feliz é melhor rever agora.

Ser-Fazer-Ter é a chave para a sua felicidade plena e que te leva a uma prosperidade inimaginável porque você se torna imparável, isso mesmo, você faz porque ama fazer e não pelo dinheiro.

Agora que você já tem o seu propósito definido, então tome cuidado com as distrações. O mundo hoje está abarrotado de distrações... Youtube, Netflix, Facebook, Instagram, TikTok, WhatsApp, etc. Perdemos o foco, a produtividade. São muitas distrações disfarçadas de conhecimento o que nos leva ao que chamo de "obesidade mental".

Portanto ter o **M.A.P.A.** correto é ter o propósito primordial para a sua vida. E colocar metas corretas significa ter indicadores, escadas, para chegar lá. Significa que você tem um GPS para corrigir a sua rota, isso vai acontecer, e consequentemente chegar ao seu único alvo. É claro que ter apenas vontade não basta você precisa de **A.R.** para superar os seus desafios. E ao logo do caminho ajustes precisam ser feitos e com o método **P.A.A.M.** fica fácil corrigir, certo?

Não sei se você percebeu, mas falei em alvo e não alvos justamente para colocar na sua mente o conceito de único e este é um dos grandes segredos das pessoas de muito sucesso. E quando este nosso único alvo está ligado ao nosso real propósito, fazemos tudo com alegria e o resultado chega rapidamente.

Mas como focar numa única coisa, um único alvo? Em primeiro lugar você precisa se livrar das distrações depois entenda que nem tudo tem a mesma importância. Ignore tudo o que o seu cérebro diz que você pode fazer, ainda mais com tanto conhecimento disponível na internet, e se preocupe apenas com o que deve fazer.

Talvez esta seja a habilidade mais difícil que você precisa desenvolver. Ter um olho de tigre nas coisas que são mais importantes é fundamental. Jogue fora o "como" e foque no "o que". Por exemplo, faça a seguinte pergunta para você: o que eu posso fazer para me tornar o melhor médico da cidade de modo que todas as outras coisas se tornem menos importantes?

Vou finalizar este capítulo com exemplos de empresas que focaram numa única coisa e se tornaram gigantes. Starbucks, qual é a única coisa que você mentaliza quando pensa em ir ao Starbucks? Café! Uma mais fácil ainda, Coca-Cola, os outros refrigerantes que a empresa fabrica vão de carona. General Eletric – GE, qual é a única coisa que eles vendem? Energia elétrica, o restante são subprodutos que foram incorporados. Quando você pensa em um tênis inovador que te inspire conforto, confiança e desempenho qual é a única marca que vem na sua mente?

Tarefa:

1 – O seu verdadeiro propósito é seu ou dos seus pais? Reflita!

2 – Agora complete a frase:

eu realmente quero ser um

____

e com isso eu posso

____

Por exemplo, *"eu quero ser empreendedor e com isso eu posso obter a minha liberdade financeira ajudando centenas de pessoas a conquistarem a liberdade financeira delas com o meu negócio"*.

A mentira do século

Falamos sobre ter o foco numa única coisa, num único alvo. Ao fazer isso você vai mudar o seu resultado porque coloca um hiper foco no seu propósito.

Usando o conceito de hiper foco você vai entender o que eu quero dizer com a mentira do século. Vou te contar e provar algo que sempre falaram que é verdade, mas não é bem assim e quando descobri muitas coisas fizeram sentido.

Em primeiro lugar entenda que existe um mundo maravilhoso colorido e radiante. Podemos e devemos curtir os nossos filhos, esposa, marido, amigos, amigas, ou seja, existe muita diversão saudável e que nos energiza.

Por isso precisamos tirar ao menos uma folga na semana para apreciar a vida e não esqueça de que você também precisa de férias!

Porém, isso não acontece como deveria e neste mundo maravilhoso vamos conhecer pessoas incríveis e pessoas não muito legais, a vida é assim mesmo. O que você precisa perceber é que pessoas de "baixo astral" são tóxicas para o seu propósito, não importa quem elas sejam. Estas pessoas são assim e elas nem notam o quão tóxicas são porque o ambiente que elas frequentam é pesado.

Estas pessoas são envolvidas pela energia ruim do ambiente e nem percebem. É como ir se sujando de poeira aos poucos no decorrer do dia e vai acontecer. Se você não se cuidar diariamente você vai ser totalmente envolvido nesta frequência e consequentemente se torna uma pessoa de "baixo astral".

O ambiente que frequentamos é muito poderoso e influencia demais em nossos pensamentos, sentimentos e decisões. Às vezes desejamos crescer, prosperar, porém o ambiente é mais forte que a nossa vontade, acredite é impossível vencer sozinho um ambiente ruim.

Depois de sofrer muito com algumas pessoas tóxicas, de baixo astral, notei que existem 3 grupos de energia e que vou chamar de bolhas de energia. Imagina 7,8 bilhões de pessoas aqui no planeta (dados de junho de 2020) divididas nestas 3 bolhas de energia. Entender este conceito te coloca em enorme vantagem.

Bolha de energia #1, nela vivem as pessoas de "baixo astral", tóxicas, que passam pela vida enxergando tons de cinza porque estão estressadas, amarguradas, sobrecarregadas e alegam que não tem tempo para nada, mas também não querem mudar. É o mesmo efeito que observamos em pessoas com determinados vícios.

Pessoas que vivem nesta bolha causam um efeito nocivo porque sugam a sua energia e deixam em você uma "graxa" cinzenta que repele as boas energias. Muitas delas são pessoas más que só pensam em se dar bem porque não tem princípios.

Na bolha de energia #2 vivem as pessoas que também enxergam o mundo em tons de cinza, mas ainda existe um suspiro e elas conseguem ver algum colorido. São pessoas de boa índole que conseguem se divertir um pouco, porém ainda não conseguem contemplar a beleza da vida e normalmente são carrancudas, mas você consegue conviver um tempo maior com elas.

E na bolha de energia #3 encontramos as pessoas que vivem a abundância da vida, vivem plenamente, celebram tudo o que Deus deu a cada um de nós, são felizes e desejam ajudar o próximo. São aquelas pessoas que você se sente bem quando está perto.

Na figura abaixo você vai notar que a maior bolha de energia é a #1. O que constatei é que hoje 60% das pessoas estão na bolha #1, 30% na bolha #2 e somente 10% estão na bolha de energia #3. Aqui está a explicação do motivo do nosso planeta estar passando por tantas infelicidades.

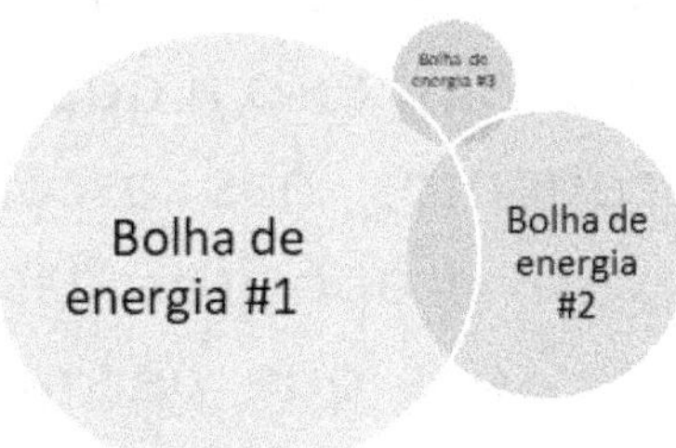

As bolhas de energia do planeta

Se a maioria das pessoas que aqui vivem estão nas bolhas de energia #1 e #2, como as pessoas da bolha de energia #3 se mantem em equilíbrio? Elas são atentas ao ambiente que frequentam, cuidam do seu bem-estar espiritual, mental e físico diariamente (Tripé do Sucesso). Também aprenderam a se blindar da energia nociva.

Se percebem que o ambiente vai ser prejudicial, mudam de lugar, porém algumas vezes mudar de lugar é algo complicado de colocar em ação, então elas mantêm no mínimo 2 passos de distância das pessoas com energia tóxica e evitam ao máximo algum contato físico.

Seja como for, você precisa encontrar uma solução, do contrário, o ambiente vai te envolver negativamente. E quem deseja de forma consciente viver negativamente?

Lembra que eu falei sobre as armadilhas do mundo que são as distrações? A vida agitada, as pressões do sucesso e dinheiro a qualquer preço, a educação que recebemos nas escolas que nos desvia do nosso real propósito, das referências equivocadas, das pessoas que permitimos opinar sobre a nossa vida e que podem nos "prender" nas bolhas de energia #1 ou #2 de forma sutil.

O que aconteceu com a sociedade atual é que passamos a viver num ritmo insano de trabalho com muita cobrança e fazendo várias coisas ao mesmo tempo. O resultado é que trabalhamos no mínimo 60 horas semanais e acabamos abduzidos pelo trabalho ano após ano. Acredito que você já vivenciou isso ou conhece alguém que vive assim.

Eu já trabalhei neste formato insano, sei que não faz bem para você e nem para quem está ao seu lado. Você pode até fazer isso por um período curto, ou seja, se precisar faça isso por uns 5 anos no máximo, e depois aproveite a vida, mas raríssimas pessoas conseguem, a maioria vive uma vida só pensando no trabalho.

Aprenda uma coisa, você não vive para trabalhar, você trabalha para viver a plenitude da vida! A vida passa rápido demais...

Se você pesquisar como era o ritmo de vida das pessoas um pouco antes da invenção da energia elétrica até a revolução industrial vai perceber que era muito diferente.

Não existia esta loucura de fazer um monte de coisas ao mesmo tempo, a beleza da natureza era contemplada, passeios, piqueniques, as pessoas almoçavam em casa com a família e aos poucos a vida foi acelerando com a chegada da energia elétrica.

Quando o computador foi inventado criamos o conceito de multitarefa (anos 60) para explicarmos como uma máquina conseguia fazer cálculos com tamanha rapidez.

Foi uma infelicidade criar este termo multitarefa porque na verdade o que o computador faz é processar em sequências tão rápidas que achamos que tudo foi feito simultaneamente, ou seja, multitarefa não é bem assim.

Mas o significado multitarefa foi se tornando popular, mesmo com o conceito equivocado, até que passou a fazer parte da nossa cultura a partir de 1970.

E com o avanço da tecnologia no nosso dia a dia o termo multitarefa virou sinônimo de sucesso. Os filmes mostravam pessoas em ritmo alucinante, principalmente aqueles que mostravam o mercado financeiro, e a mensagem é que somente estas pessoas é que vão ter sucesso na vida.

Este conceito de que quanto mais multitarefa você conseguir ser maior será o seu salário, foi ganhando força até que foi totalmente incorporado pela sociedade.

A consequência desta deformidade cultural é a quantidade gigantesca de pessoas que passam pela vida enxergando tudo em tons de cinza, porque só têm tempo para o trabalho. Às vezes notam um colorido, mas deixam a vida levar achando que estão no caminho correto e no final do túnel descobrem que o sonho virou pesadelo.

O fato é que não existe processamento simultâneo de várias coisas. Ser multitarefa é uma enganação e acreditamos nesta mentira do século!

O nosso cérebro é uma máquina Divina e superpoderosa, mas não é multitarefa, nunca foi e jamais será!

Dizem que uma mulher faz várias coisas ao mesmo tempo, certo? Errado! Elas têm uma capacidade ímpar de fazer várias coisas de forma sequencial e é tão rápido que parece multitarefa. Mas alerto, tome muito cuidado porque existe um limite e o nosso cérebro é incrível, mas não é multitarefa.

Quando ultrapassamos este limite, coisas desagradáveis acontecem. Se você continuar acreditando que é uma pessoa multitarefa, garanto que você vai negligenciar pequenas coisas e um dia estes pequenos “esquecimentos” se transformam num desastre.

Sabe o porquê? Você vai acumular muitas coisas para o cérebro processar sequencialmente e como tudo tem limite o seu cérebro vai te pregar uma peça apagando o excesso de solicitação como uma proteção, é o que chamamos de “tilt”.

Já percebeu que quanto mais atividades executamos achando que somos "multitarefa" nos tornamos mais ansiosos? E isso fez bem a você?

Quando entramos na frequência de fazer tudo ao mesmo tempo, tudo é prioridade e acreditamos que isso é sucesso, saiba que deixamos de lado aquele tempo valioso para refletir e planejar a vida. E é neste momento que sabotamos propósito, o único alvo porque sobrecarregamos o nosso cérebro. Por isso é muito importante ter metas, GPS da Vida, para nos lembrar que precisamos planejar e analisar o que estamos fazendo.

Dirigir é muito difícil porque precisamos olhar várias coisas ao redor, nos exige coordenação motora, reflexo, atenção e tudo tão rápido, que uma pequena distração vira um desastre.

O problema é que achamos que somos muito bons ao dirigir, o nosso ego fala alto, achamos que damos conta, afinal acreditamos que somos multitarefa, e numa fração de segundos a nossa vida vira o caos.

Agora você deve estar se perguntando por que estou falando isso certo?

O sucesso é sequencial não é simultâneo.

Como assim? Modele as pessoas de sucesso e note que todas elas têm um único alvo, montam o seu **M.A.P.A.** para alcançar o objetivo, seguem o "passo a passo" da sua estratégia e implementam o **P.A.A.M.** com **A.R.** regularmente. Fazem isso sucessivamente para cada objetivo, mas sequencialmente.

Percebe como tudo o que falei tem conexão? É um método que você precisa aplicar na sua vida até que se torne um hábito. É a sua hora da metamorfose, e com certeza o resultado aparece e você vai voar!

O mundo é maravilhoso, observe, contemple, aproveite, tenha novas amizades, busque por novas experiências saudáveis, novos desafios motivadores, busque novos ambientes porque é muito importante para o seu crescimento.

Procure modelar pessoas de sucesso, se possível frequente o lugar que elas frequentam, academia, clubes, eventos, workshop, ou seja, vá aonde elas estão para modelar de perto.

Quer outro segredo? Pessoas prósperas não se acham multitarefa o que elas têm é hiper foco, única coisa, um único propósito. Se cercam de pessoas que têm o conhecimento que elas precisam e quando alcançam o seu objetivo não ficam de pernas para o ar como se vê em filmes, eles apontam para um novo único alvo.

Multitarefa foi um termo que infelizmente caiu no gosto popular com o passar dos anos, se tornou a mentira do século.

Agora que você entendeu, é o momento de rever o que você tem feito, priorize, gaste sua energia preciosa com inteligência, deixe de fazer um monte de coisas que sugam a sua energia e não te levam a lugar nenhum. Não deixe a vida te levar!

Se você não fizer isso vai ficar de tanque vazio quando precisar fazer algo importante. É por isso que você não prospera como deseja.

Entenda que você precisa ter hiper foco no seu único alvo, uma única coisa ligada com o seu propósito, somente assim você vai crescer e prosperar!

Tarefa:

1 – Elabore uma lista de coisas que você acha que faz simultaneamente e repense.

____

____

____

____

____

2 – Olhe para esta lista por algumas horas e escolha apenas 1 atividade, a que você acha que é mais importante e que está conectada com o seu propósito

____

____

3 – Execute esta atividade com muita energia pelo tempo que precisar até que seja um hábito ou que você tenha conseguido a solução e depois repita o exercício.

O efeito escada rolante

É interessante a cultura do dinheiro fácil que permeia a nossa sociedade. Sempre falo que qualquer empreendimento você precisa investir o seu tempo e dinheiro. Não existe mágica, veja, você investiu tempo para aprender a ler e escrever, mesmo em escola pública investiu dinheiro, depois investiu em alguma especialização para conseguir um emprego ou abrir um negócio. Em ambos os casos o que você fez foi empreender. Então por que acreditar no dinheiro fácil?

Quando nos preparamos, seja no que for, estamos investindo o nosso tempo, dinheiro e energia. E não importa no que você se especializou, você vai sempre se deparar com 2 desafios: o seu produto não anda e o seu produto não fala.

O que estou dizendo é que se você quer vender um produto (físico ou digital) ele não vai andar, ir até o cliente e falar com ele, certo? Da mesma forma se você está procurando um emprego as suas habilidades não vão sair andando e ir até o empregador e falar com ele, certo? Portanto você precisa se mexer, se "vender", para não cair no esquecimento. Isso significa que nada é fácil, pode ser simples, mas requer o seu esforço e a sua iniciativa.

Vamos analisar mais um pouco, se você se propõe a aprender algo para o seu crescimento, não importa se é para uma atividade que você está empreendendo, se é para a sua carreira ou apenas um hobby, então só por aprender algo novo já valeu a ingresso, concorda?

Aprender jamais será perda de tempo! Quanto ao valor que você pagou é outra coisa, tem vários fatores para analisar, porém no final das contas se você achou caro é porque não encontrou o benefício que esperava, ou seja, tem um aprendizado adicional que é analisar melhor antes de comprar.

Benefício normalmente está atrelado ao resultado que você espera e qualquer benefício requer um tempo para acontecer. Portanto a pergunta que deve ser feita é se a expectativa de prazo para você obter resultado era real ou distorcida? É por isso que ter uma meta de compromisso como parte do seu resultado é importante. Através dos indicadores você sabe se a expectativa de prazo está dentro do esperado.

E metas de curto prazo podem ser de 30 dias, 3 meses, 6 meses ou 2 anos, depende muito. O que estou dizendo é que nem tudo tem o mesmo prazo para se obter o resultado esperado. Quanto tempo você levou para conseguir a sua 1ª promoção? E a 2ª promoção foi mais rápida ou mais demorada? Se você não faz o que precisa ser feito para alcançar o seu objetivo com metas alinhadas com a realidade e dentro da expectativa, como vai saber se está crescendo ou andando de lado?

Acho incrível que uma pessoa ache normal ficar 10 anos dentro de uma empresa sem ganhar uma única promoção, fazendo as mesmas coisas por uma década e aceita isso normalmente. Mas ao tentar empreender quer resultados fantásticos em 3 meses! Expectativa de prazo totalmente distorcida da realidade.

Vamos analisar mais um pouco sobre pessoas que reclamam que perderam tempo e dinheiro fazendo um treinamento. Elas deveriam antes analisar e fazer perguntas para saber se o treinamento vai deixá-las mais próximas ou não da sua meta. E pior são aquelas que participam de algum workshop de graça e em vez de anotar e aprender algo, porque sempre tem alguma coisa nova para aprender, perdem tempo falando mal do treinamento em grupos. Novamente, a chave é sempre perguntar: "- dedicar o meu tempo para aprender o que está sendo proposto vai me deixar mais perto ou longe da minha meta?".

Esta sacada é poderosa, treine o seu cérebro para fazer perguntas e não ficar se lamentando.

Ao questionar você melhora a sua análise do risco de colocar o seu tempo no que está sendo ofertado, você passa a ter um olhar mais aguçado porque vê tudo de outro prisma.

Também precisa se perguntar qual é o tempo mínimo, o esforço e o que deve ser feito para alcançar micro resultados e se estão alinhados com as suas metas.

Este processo de perguntas vai te dar a resposta correta sobre a expectativa de prazo e resultado do que você se predispôs a fazer.

Outra sacada poderosa é antes de entrar em qualquer sociedade use o princípio do namoro, ou seja, conheça, observe, vai com calma para saber se pode realmente investir. Este tempo é importante para você analisar se o risco de entrar de cabeça vale a pena. Durante a fase de namoro faça perguntas e observe para identificar qual meta de compromisso é exigida para ter algum resultado e qual será o seu real esforço de aprimoramento para alcançar este resultado. Mas faça isso de mente aberta, sem prejulgamentos, do contrário você jamais vai conseguir fazer bons negócios.

A fase de namoro vai de dar tempo para entender o que você precisa fazer e o quanto investir para ter sucesso. Garanto que um bom planejamento mitiga muito o seu desapontamento.

E uma vez que a sua decisão foi entrar, então, você precisa ter metas para analisar o seu resultado. Você precisa saber o quanto realmente se empenhou e qual foi o resultado alcançado dentro do prazo estipulado. Está na hora de colocar em prática o seu **M.A.P.A.** para alcançar o tesouro. Dentro da sua estratégia você vai se deparar com o que chamo de efeito escada rolante.

Aprendi entre erros e acertos ao modelar pessoas de sucesso que elas alcançam o seu único alvo com o método que eu chamo de **A.R.** (**A**titude e **R**itmo constante) e acredite você precisa de **A.R.** para seguir em frente e ultrapassar limites.

Agora se você acelera e mantém um ritmo constante como você vai saber se está no trilho? Você precisa ter indicadores, metas.

É aí que entra o outro método que você aprendeu que é o **P.A.A.M.** (**P**lanejamento, **A**ção, **A**nálise e **M**udança).

Planejar o que você precisa FAZER e que está conectado com o que você quer SER, sair da inércia e ir para a Ação com **A.R.** e quanto mais acelerado mais rápido vai chegar ao topo.

A sacada aqui é jamais negligenciar a revisão dos seus números. Sugiro fazer isso a cada 15 dias a 30 dias. Você vai perceber que sempre tem alguma rota para ajustar que é simplesmente realinhar algumas ações para voltar ao trilho.

Não esqueça que na sua caminhada existem as 3 metas diárias que já falamos aqui neste livro. Estas metas são o GPS da sua vida para o seu único alvo, lembra quais são elas? Aperfeiçoamento, motivação e compromisso. E estas estão conectadas com o seu quadro dos sonhos que você vai ler e sentir pelo menos 2 vezes ao dia.

E por que falo disso? Porque quero que você saia do casulo para se transformar, mudar a sua frequência e prosperar!

Não estou falando de dinheiro estou falando de viver de forma plena. Você precisa saber o que quer SER para depois FAZER e o TER será consequência.

Por que você veio à Terra? Qual é o seu verdadeiro propósito? Neste ponto do livro acredito que você já tenha as suas respostas, mas se não aplicar o **M.A.P.A.** você vai cair no efeito escada rolante.

Este efeito acontece todos os dias com milhares de pessoas e é simples de entender. É uma brincadeira que as crianças fazem quando vão ao shopping e tenho certeza que você já fez.

Mentalize uma escada rolante na sua frente e você precisa subir, ou seja, você precisa progredir, obter resultado, este é o seu desafio. Mas como nada na vida é moleza, esta escada rolante está movimentando para baixo (desce) e você precisa subir a escada rolante que desce. Na prática você vai ter que colocar energia para vencer a brincadeira da escada rolante, você precisa de **A.R.**

O que acontece se você parar no meio do caminho porque precisa respirar? Vai descer, certo? Consequentemente vai ter que recomeçar, ou seja, a energia que você gastou antes foi desperdiçada.

Isso significa que você teve atitude, parabéns, mas não foi suficiente. Lembra que falei que apenas força de vontade não é o suficiente? Veja, você perdeu o ritmo no meio do caminho porque não estava preparado ou porque duvidou de algo, enfim não importa o motivo.

O fato é que a escada rolante, representa o ambiente que você vive e trabalha. E este ambiente vai testar os seus limites, a sua força, a sua estratégia, a sua resiliência. E para te ajudar a vencer criei os métodos **A.R.** e **P.A.A.M.** que vão fazer você progredir, vencer a escada rolante, transpor os seus desafios.

Mas não se preocupe eu mesmo já passei por escadas rolantes da vida que sempre me jogava ladeira abaixo porque eu não tinha **A.R.** suficiente para vencer por falta de preparo. Foi aí que eu aprendi que precisava planejar e entrou em cena o método **P.A.A.M.** Olhei os meus números e fiz os ajustes. Depois tentei novamente com **A.R.** e **P.A.A.M.** até vencer a escada rolante.

O que quero dizer é que você vai se deparar com infinitas escadas rolantes para superar e quem tem mais **A.R.** e **P.A.A.M.** irá alcançar patamares mais altos.

E quando você chegar ao topo subindo centenas de escadas rolante, tem um prêmio ímpar. Uma visão única de um futuro melhor, uma sensação de felicidade plena e vão surgir novos e gratificantes desafios com outras escadas rolantes para você prosperar mais.

Uma analogia perfeita do que estou falando é a Parábola dos Talentos. Aquele que se esforça e dá frutos é premiado com mais, porém aquele que enterra o seu talento perde o que não tem.

E por que poucos conseguem chegar ao topo? O que acontece é que muitas pessoas estacionam em um andar porque querem trapacear, porque ficam reclamando da vida e não fazem nada, porque praticam a vitimização para justificar o não agir, porque têm preguiça de subir uma escada rolante, porque olha para a escada rolante do vizinho e assim vai.

Note que cada prédio tem uma complexidade e quantidade de escadas rolante infinita. Você jamais vai encontrar uma escada rolante igual a outra, então você vai se deparar umas mais simples e outras altamente desafiadoras de ultrapassar. Isso significa que você vai precisar rever a sua estratégia de subir cada escada rolante.

No final das contas a diferença sempre estará na sua atitude diante dos desafios.

Eu fiquei em choque quando esta sacada baixou na minha mente e entendi tudo isso que contei até agora neste livro. Percebi claramente todos os meus tropeços, as minhas reclamações e vitimizações, o porquê me fechei para algumas situações e o resultado foi que continuei como uma lagarta no patamar que estava do prédio que escolhi entrar.

Ao receber todas estas informações percebi que podia alcançar andares mais altos, novos prédios, novos desafios e prosperar muito mais, foi a minha hora da metamorfose e desejo que seja a sua hora da metamorfose.

Aliás conte lá no grupo VIP como foi a sua hora da metamorfose, a sua transformação!

Tarefa:

1 – Faça uma análise (**P.A.A.M.**) quantas escadas rolantes você desistiu de subir, escreva o motivo da sua desistência.

____

____

____

____

____

2 – Agora vá em frente escreva aqui o seu único alvo, o seu desafio atual e vença a sua escada rolante com os métodos P.A.A.M. e A.R.

____

____

____

____

____

____

Chega de disciplina

Sabe o que descobri depois de muito tempo? Que esta história de que pessoas de sucesso são disciplinadas é uma lenda! Não existe disciplina como você imagina para ter sucesso. Isso mesmo!

Como assim? Aposto que você perguntou e já está pensando também que estou louco falando que disciplina é "*fake*"... Calma! Vou explicar.

Já temos regras demais na nossa vida e não precisamos de mais regras e disciplinas, concorda? Precisamos é de novos e poderosos hábitos! E isso é completamente diferente da disciplina militar que conhecemos e vivemos direta ou indiretamente.

Por isso que existe uma distância gigantesca entre adquirir novos hábitos e ter mais disciplinas. Esta distância é proporcional ao resultado. Regras em excesso só estressam e muitas vezes desmotivam porque fazemos por obrigação e não vemos sentido em fazer, mas temos que fazer.

Já adquirir hábitos saudáveis é algo que você tomou a iniciativa para fazer porque entendeu o sentido de fazer para que a sua mente, seu corpo e espírito estejam em equilíbrio, o Tripé do Sucesso, e assim você aumenta exponencialmente as suas chances de alcançar o seu sonho.

A sacada que vou te passar agora vai mudar a sua vida. Os grandes gênios não são pessoas disciplinadas como aprendemos a rotular desde pequeno, procure biografias sobre Albert Einstein, Nicolas Tesla, Leonardo da Vinci e outros gênios da humanidade.

Eu mesmo trabalhei 10 anos com um empreendedor e grande amigo que tem uma estratégia de outro planeta, além das habilidades e visão de negócio ímpar. O resultado é que ele enxerga anos-luz a frente da maioria dos empresários.

Segundo as crenças pessoais que adquiri ao longo da minha vida, uma pessoa de tanto sucesso, visão e resultado tinha que ter uma disciplina "militar". Mas estava totalmente equivocado, então como ele conseguiu tanto sucesso?

Estas perguntas martelaram na minha cabeça porque eram antagônicas as minhas crenças. Tinha absoluta convicção que não era sorte. Demorei muito tempo para entender.

O seu cérebro é uma máquina Divina e está sempre enviando uma mensagem para você economizar energia. Herdamos isso desde os tempos das cavernas, onde a comida era escassa. Naquela época era preciso arriscar a vida para matar um animal selvagem com uma força descomunal. E não era fácil caçar um animal com lanças de pedras. Uma falha e muitos da tribo poderiam morrer durante a caçada ou de fome.

Naqueles tempos não existia plantação e local para armazenar a comida. A única forma de alimento era a caça, consequentemente todos passavam um bom tempo sem se alimentar, principalmente durante o inverno, quando era praticamente impossível caçar. Neste cenário para sobreviver aprendemos que ficar na caverna e economizar energia aumentava as chances de sobreviver.

Então, após gerações, o cérebro entendeu que gastar muita energia pode ser fatal, por isso ele vai te sabotar sempre que você começar alguma atividade nova porque gasta muita energia.

Este é o motivo de ser tão desafiador iniciar uma atividade física, como por exemplo, ir a uma academia, correr, pedalar, nadar! Já reparou que a maioria das pessoas desiste de em menos de 3 meses?

É igual as promessas de Ano Novo, prometemos que em janeiro vamos começar uma alimentação saudável e fazer exercícios, aí janeiro adiamos porque é verão e férias, fevereiro é carnaval, março temos a volta às aulas e o nosso cérebro já "fala" que os filhos demandam muita energia e a maioria nem começa.

O que mais acontece são pessoas que fazem a matrícula e jamais aparecem na academia. Alguns poucos que restaram até começam em abril e em menos de 3 meses abandonam. Não é assim? Agora os que continuam até alcançar o seu objetivo são aquelas pessoas que não adiaram 1 dia sequer, começaram em janeiro.

E por que é assim? Simples porque o nosso cérebro entra em ação enviando a mensagem, "fica na cama está frio hoje; não vai, está muito calor; dorme mais, descansa, vem carnaval feriadão melhor deixar para depois", e desligamos o despertador da hora da metamorfose. O nosso cérebro aprendeu que economizar energia é a chave da sobrevivência e continuamos como lagarta no casulo, entendeu?

Agora vou mostrar que você pode e vai vencer o seu cérebro! Em primeiro lugar entenda que quem manda é você e não o seu cérebro, comece a mentalizar isso todos os dias pela manhã e antes de dormir.

Fale consigo mesmo em voz alta: "*eu mando no meu corpo, nas minhas emoções, nas minhas ações e o meu cérebro me obedece*".

Depois crie um hábito novo até que o seu cérebro entenda que não é desperdício de energia. Isso é Ciência e não achismo, existem estudos científicos sobre isso, pesquise no Google.

Ao criar um hábito novo significa que o seu cérebro construiu um atalho e a partir daí não vai mais te sabotar.

E como podemos criar hábitos novos? Faça a mesma ação todos os dias sem interrupção até virar um hábito. Por exemplo, acorde todos os dias às 6h da manhã, claro que você vai precisar usar o despertador, porém após alguns meses você vai acordar normalmente às 6h da manhã e sem despertador.

Se você precisa adquirir um hábito muito desafiador você pode adotar técnicas que alguns profissionais usam. Por exemplo, comer um pedaço de doce toda vez que terminam uma atividade extenuante, é uma excelente dica porque representa premiar, mas cuidado com o exagero.

O que você está fazendo ao dar um prêmio é "educando" o cérebro que o exercício é bom e esta mensagem é registrada gradualmente e aos poucos você passa a se sentir sempre motivado a fazer o exercício.

O princípio é o mesmo com o dinheiro, se você se premiar sempre que receber um dinheiro o seu cérebro passa a registrar que ganhar dinheiro é bom. Mas cuidado para não cair nos erros que expliquei no capítulo "a matemática da prosperidade".

Uma dica que gosto é premiar a semana. Escolha um dia da semana para comprar algo recompensador para você ou para a sua família de forma que todos se sintam premiados. Claro que dentro do seu orçamento. Uma sugestão é domingo à noite para quebrar a "síndrome do fantástico" e curtir uma pizza, um bom vinho, ou seja, procure algo equilibrado e que não ofereça efeitos colaterais no dia seguinte.

Você vai perceber que a médio prazo todos os desafios vão ficando mais suaves para vencer. Esta é uma boa dica de hábito, concorda?

Estudos científicos mostram que o processo de criar um atalho no cérebro leva em média 6 meses para a maioria das pessoas. Mas se você deixar de fazer 1 dia apenas, já era, o contador volta para o zero.

Outro ponto importante é que em alguns casos mais extremos pode demorar mais de 6 meses para o seu cérebro criar uma conexão e registrar que acordar 5h da manhã e correr é bom. Depois de criar o hábito você sente um mal estar se não fizer o que era para ser feito, curioso não?

Vamos a outro exemplo, imagina que você deseja mudar a sua alimentação e quer cortar o excesso de carboidratos, doces e refrigerante. Você começa altamente determinado na 1ª semana, na 2ª semana também continua com a mesma pegada e na 3ª semana vem uma tentação. É o aniversário, o churrasco, a noite da pizza e o que acontece? Você chuta o balde, certo? Neste momento você passou a mensagem para o seu cérebro que refrigerante é energia e não tomar é escassez. É por isso que a maioria não volta a dieta como antes. O cérebro ainda não tinha criado o atalho.

Sei que é muito desafiador mudar alguns hábitos, mas pense na recompensa? No começo é chato, desafiador depois torna-se um hábito compensador.

É por isso que infringimos muitas regras da escola, não cumprimos as leis como deveríamos, pelo simples fato de não entendermos a recompensa.

Ature o desafio tempo bastante para se tornar um hábito!

Os grandes gênios não têm somente a visão, eles aturam os desafios tempo suficiente para a concretização.

Agora olhe que interessante, o princípio do hábito tem conexão direta com o princípio da escada rolante. Você olha para o patamar superior, lá está o seu objetivo e começa a subir a escada rolante. Qualquer deslize significa que você deu uma paradinha quando estava subido a escada rolante, o que aconteceu? Voltou ao início, não foi?

Metas diárias, **P.A.A.M.** e **A.R.** são as chaves para alcançar o próximo nível do "*game*" da prosperidade, do "*game*" da sua vida! Então você precisa aturar o desafio tempo suficiente para que se torne realidade e com estratégia e metodologias você se premia e alcança mais rápido o objetivo.

Estatísticas demonstram que a maioria esmagadora das pessoas começa e desiste no meio do caminho, por isso as riquezas do mundo estão nas mãos de menos de 5% da população e sempre será assim porque nós somos alimentados por crenças que são totalmente contrárias ao que estou falando aqui.

Quem você conhece que tentou fazer uma dieta e largou no meio? E tentou frequentar uma academia e desistiu? Quem esta pessoa culpou? O universo, a crise financeira, o estresse do trabalho e assim por diante. E de quem era realmente a culpa?

Coloque em ação tudo o que falei aqui neste livro, conecte com metas diária de compromisso, motivação e aperfeiçoamento e você vai ver os resultados aparecerem!

Entendeu o motivo de que não são as disciplinas e regras que vão te levar a prosperidade e sim hábitos saudáveis?

Siga o **M.A.P.A.** e coloque em ação tudo o que compartilhei aqui neste livro e seja feliz!

Ature o desafio até dar certo, mas com estratégia e método. Este livro é um convite para a sua transformação e não só em palavras, mas principalmente em ações. Faça todas as tarefas, releia cada capítulo no mínimo 2 vezes e se prepare para a sua metamorfose.

Tarefas:

1 – Escolha 1 novo hábito para você sair do casulo e transformar. Algumas dicas:

- ✓ acordar entre 5h e 6h da manhã
- ✓ dormir no máximo às 23h
- ✓ beber no mínimo 6 copos de água por dia (2 pela manhã, 2 à tarde e 2 à noite)
- ✓ meditar por 10 minutos ao acordar
- ✓ praticar exercícios regulares
- ✓ ler um livro por 20 minutos todos os dias

2 – Após escolher, use a agenda do seu celular e coloque as atividades nos horários determinados com recorrência diária e sem expiração. Exemplos:

- ✓ agenda para acordar; agenda para dormir; agenda para meditar

Depois me conta no grupo VIP o seu resultado a sua transformação, combinado? Para entrar no grupo você pode acessar através da bio do meu Instagram (@marcotangari) ou aqui no QRCODE que está na 1ª página do livro.

Saúde, prosperidade e vida longa!

Marco Tângari

www.ingramcontent.com/pod-product-compliance
Lightning Source LLC
LaVergne TN
LVHW012117170826
845678LV00014BA/2980